»Darf ich bitten?«
100 Jahre Tanzschule Schipfer-Hausa

Emmy Schipfer
inmitten ihrer Tanz-
schüler
… 1933

… 1939

Tanzkurs im Herbst 1952

Anfänger-Kurs 1961

Dezember 1959: Beim Ball in der Glocke eine Showeinlage der besonderen Art – Boogie zu dritt: Hannelore Böse, Jürgen Luther und Helga Neumann

Hermann Gutmann

»Darf ich bitten?«
100 Jahre Tanzschule Schipfer-Hausa

Mit 500 Abbildungen

EDITION TEMMEN

Inhalt

8 Vorwort

24 Prolog
Ein kleiner Weg zurück • Tanzstunden in Privathäusern • Es begann in Graz an der Mur • Die ersten Jahre der Emma Schipfer • Salzwedel • Villa Schipfer • Baumkuchen

30 Ausflug in die Geschichte des Tanzes
In der Antike • Im Mittelalter • Im 16. und 17. Jahrhundert • Im 18. und 19. Jahrhundert • Die Entstehung des Balles • Die Bremer Jungen tanzten ohne Grazie • In Deutschland tanzte man den »Rutscher«, und der General von Moltke staunte

40 Das Jahr 1906
Das Vorbild: Isadora Duncan

43 Das Jahr 1907

46 Magdeburg
Schule für »Bewegungsschönheit und Tanz« • Hindenburg spricht ein Machtwort • Drei Zeugnisse für Emmy Schipfer • Erinnerungen im Kleinen Saal der Glocke

51 Quedlinburg

54 Die Zwanziger Jahre
Freundschaft mit Clara Rilke-Westhoff

63 Zwischen 1930 und 1945
Der erste Ball • Die Zeiten wurden rauer • Gastspiele in Stralsund • Als Emmy Schipfer literarisch Käthe Lahusen wurde • Schipfer-Hausa war »die« Tanzschule von Kippenberg, vom Alten Gymnasium und von »Hermann Böse« • Kostümfest kam vor HJ-Dienst • Aus dem Tagebuch der Inge Ströh: Meine Tanzstunde im Jahre 1937 • Einladung zum Maskenball • Das verhängnisvolle Jahr 1940 • Tanzschule Inge Hausa • Herren wurden Mangelware • »Rheinländer« in Luftwaffenhelfer-Uniform

81 Die ersten Jahre nach dem Zweiten Weltkrieg
Rote Röcke aus Fahnentuch • Die »Einstein«-Schüler aus Potsdam • Pilotenschein für Emmy

87 Umgangsformen
Pünktlichkeit ist eine königliche Tugend • Keine Phrasen im Schriftverkehr • Ritterlichkeit im Theater • Äpfel dürfen aus der Hand gegessen werden • Ein heikles Thema: Einladungen • Keine Hausangestellten voraussetzen • Handkuss statt Blumen • Wer ist eine Respektsperson • Der Freiherr von Knigge zu dem Thema »Tanzen«

97 Die Fünfziger Jahre
Der Tanzlehrer Georg Reschke • Die Zeit der großen Bälle und Feste • Die Riege • Emmy Schipfer: 50 Jahre im Beruf • Die Goldene Hochzeit ist längst gefeiert, aber der Abtanzball ist so nah, als sei er gestern gewesen • Schwere Aufnahmeprüfung

109 Die Sechziger Jahre
Hinrich Wulf betritt die Bremer Bühne • Hinrich Wulf: Tanzkursus – na, hör mal! • Tanzlehrer in Hamburg? • Abschied von Emmy Schipfer • Club Contrescarpe und große Turniere • Der Handkuss • Peter Eggleton: Training, bis es raucht • Neue Tänze und die Tanzschulen • Eine Bohnenstange macht Mode • »Alles ist erlaubt!« und die »Gelbe Meise« • Der Abtanzball auf dem Prüfstand • »Banana« am Kaiser Friedrich

124 Die Siebziger Jahre
Tanzstunden und Pferdezucht • Moorkieker-Gestüt seit 1966 • Inge Hausa zieht sich zurück – aber nur ein bisschen • Regina Lankenau wird Mitarbeiterin der Tanzschule • Die Schule brennt

131 Die Achtziger Jahre
Carsten Wulf »leckt Blut« • Tanzstunde für das Tanzensemble des Theaters am Goetheplatz • Hinrich Wulf als »Fernsehstar« • Carsten Wulf wird Tanzlehrer und – ins kalte Wasser geworfen • Hinrich Wulf wird Schlossherr

139 Carsten Wulf steuert die Tanzschule Schipfer-Hausa ins zweite Jahrhundert
Talisman von Emmy • In Tennisschuhen auf dem Parkett – nicht bei Schipfer-Hausa • Ein Tanzlehrer, der in die Zeit passt • Tanzen – Therapie gegen Stress

147 Tanzstunde im Jahre 2006
Walzer

150 Danksagung

151 Quellen

152 Bildnachweis – Impressum

Hinrich Wulf in Aktion
– dahinter Hugo Strasser mit seinem Tanzorchester

Vorwort

Es gibt eine Fülle von Geschichten, wenn eine Tanzschule auf eine hundertjährige Tradition zurückblickt. Ich habe mich gefreut, dass der frühere Lokalredakteur vom Weser-Kurier, Hermann Gutmann, der unsere Tanzschule einige Jahre journalistisch begleitete, diese Geschichten sortiert und ein Buch darüber geschrieben hat.

Für dieses Buch waren Recherchen in Salzwedel, Quedlinburg, Magdeburg und Bremen erforderlich. Vieles von dem, was dabei herausgekommen ist, war mir unbekannt.

Mehr als drei Jahrzehnte habe ich die Tanzschule geleitet. Mit Emmy Schipfer, Inge Hausa, meiner ersten Frau Magrete und mit meiner zweiten Frau Ina habe ich immer in einem harmonischen Umfeld arbeiten können. Zu jeder Zeit wurde mir von Inge Hausa, Magrete und vor allem von Ina ein Hauptteil der Arbeit in der Schule abgenommen, so dass ich immer wieder neue Ideen verwirklichen konnte.

Doch gab es in meiner Zeit auch schwierige Momente für die Schule, die nur mit Hilfe anderer zu bewältigen waren. Der Brand an der Contrescarpe und der Neuanfang an der Parkallee seien hier als Beispiele genannt.

Hier halfen besonders Bürgermeister Hans Koschnick, der damalige Bausenator Stefan Seifriz, Max Brandstätter, Professor Manfred Schomers, Siegfried Köhl, Gunther Hilliges, Dr. Hübotter und Susanne Berg. Sie halfen auf sehr unterschiedliche Weise, doch in dem Bewusstsein, sich für eine bremische Institution einzusetzen. Dafür bin ich noch heute sehr dankbar.

Sicherlich habe ich viele und vieles nicht erwähnt – das wäre ein neues Buch geworden. Man möge mir verzeihen.

Abschließend kann ich sagen, dass es eine aufregende und schöne Zeit in der Schule gewesen ist. Und ich bin sehr glücklich, dass die Tradition dieser alten bremischen Tanzschule von meinem Sohn Carsten und seiner Frau Christina weiter geführt wird.

Hinrich Wulf, August 2006

Die vier Protagonisten: Emmy Schipfer, Inge Hausa, Hinrich Wulf und Carsten Wulf (v.l.)

Gruppenbilder von Faschingsbällen in den 50er-Jahren

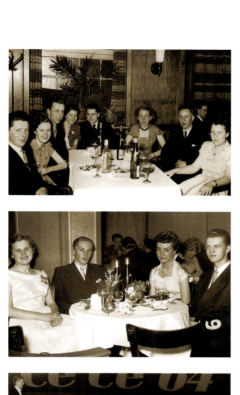

Alle Tanzlehrer auf einen Blick

Prolog

*Vor einem Jahr bin ich angefangen zu tanzen.
Und jetzt tanze ich schon Gold. Tanzen ist total gut!*
Katharina, Tanzschülerin, am 19. Januar 2006

Dürfen wir bitten?

Nein, nein, das ist kein Scherz! Denn mit dieser Aufforderung zum Tanz möchten wir uns mit Ihnen durch hundert Jahre bewegen – von 1906 bis 2006.

Wir beginnen mit einem Twostep, der eine Weiterentwicklung der Polka war und zu den Modetänzen gehörte – eins und zwei und Wechselschritt. Ausklingen lassen wir das Buch dann im Jahre 2006 mit einem Wiener Walzer – denn der Wiener Walzer ist damals wie heute der König des Gesellschaftstanzes.

Hundert Jahre!

In dieser Zeit ist viel passiert; es war eine aufregende Zeit – nicht nur auf dem Tanzparkett. Es ist die Zeit der Bremer Tanzschule Schipfer-Hausa.

Die Geschichte dieser Tanzschule, die längst zu einer »Bremensie« geworden ist, begann im Jahre 1906 in der Hansestadt Salzwedel, wo sich die eben 19 Jahre alt gewordene Emma Schipfer entschlossen hatte, das Tanzen zu ihrem Lebensinhalt zu machen.

Anfang des Jahres 1907 gab Emma Schipfer im Hotel Union im Villenviertel von Salzwedel ihre erste Tanzstunde. Etwas später änderte die junge Dame ihren Vornamen. Fortan hieß sie nicht mehr Emma, sondern Emmy. Und dabei ist es geblieben. Wir wollen nun erzählen, wie aus der Salzwedeler Tanzschule Emmy Schipfer die Bremer Tanzschule Schipfer-Hausa entstand – bis auf den heutigen Tag.

Ein kleiner Weg zurück

Folgen Sie uns zunächst in das Jahr 1887: In der großen europäischen Politik, und eine andere Politik gab es nach europäischem Selbstverständnis damals gar nicht, entwickelten sich intensive Aktivitäten unter den Diplomaten.

Es war vorbei mit dem Dreikaiserbündnis Russland, Österreich und Deutschland, denn die Russen und die Österreicher mochten einander nicht leiden. Deshalb initiierte der deutsche Reichskanzler Otto von Bismarck Geheimverträge, die den Frieden in Europa sichern sollten. Dazu gehörte zum Beispiel ein geheimer »Rückversicherungsvertrag« zwischen Deutschland und Russland.

Der greise deutsche Kaiser Wilhelm I., den sie in Deutschland, vor allem in Preußen, wo er zugleich König war, den »Heldenkaiser« nannten, stand in seinem letzten Lebensjahr.

Das Jahr 1888 sollte das Drei-Kaiser-Jahr werden. Wilhelm I. starb. Friedrich III., bereits sterbenskrank, wurde Kaiser und verabschiedete sich nach 99 Tagen in die Seeligkeit. Sein Nachfolger wurde sein Sohn Wilhelm II., nach dem die nun folgende Zeit in Deutschland das »Wilhelminische Zeitalter« genannt wurde.

Das Generalgouvernement Französisch-Indochina und das »Theater Libre« in Paris wurden gegründet, unabhängig von einander, versteht sich. In Britisch-Ostafrika entstanden Kenia und Uganda. Im Süden Afrikas erschien Johannesburg auf der Landkarte.

Bereits im Jahre 1884 war Deutschland ebenfalls Kolonialmacht geworden, nicht ohne Zutun Bremer und Hamburger Kaufleute.

Wie es die Deutschen mit ihren Kolonien und mit den dort lebenden Menschen hielten, zeigt ein Blick in das Handwörterbuch der Zoologie von 1888. Dort nämlich konnte man sich unter dem Stichwort »Neger« ein Bild von der Urbevölkerung der Kolonien vermitteln lassen. Es ist nicht bekannt, dass irgendjemand Anstoß daran genommen hätte.

Die ersten Benz-Wagen fuhren, von allen bestaunt, durch die Straßen – Kutschen ohne Pferde!

In der Mode hatte der »Cul de Paris« ausgedient. Dabei handelte es sich um den Pariser Steiß,

Mode um die Jahrhundertwende: der »Cul de Paris«

Tanzkurs 1910: Die Herren im Smoking, die Damen im Rüschenkleid mit hohem Kragen

das Polster hinten unter Frauenkleidern. Der Stoff fiel nun von der Taille an fast glatt in großen Falten nach unten. Das Oberteil war lang und bei der Taille spitz auslaufend. Die Röcke, die bisher fast an die Erde gereicht hatten, wurden noch länger und es war nur noch eine Frage der Zeit, bis sich die ersten mutigen Damen mit Schleppen auf die Straße wagten.

Es war die Zeit, in der sich der Gesellschaftstanz und auch das Ballett längst von ihrer aristokratischen Herkunft gelöst hatten. Der moderne Gesellschaftstanz diente der Unterhaltung der Bürger, und im Übrigen tanzte das ganze Volk, was allerdings vorher nicht viel anders gewesen war – doch der Bauerntanz war eben kein Gesellschaftstanz.

Walzer, Galopp und Polka waren beliebte Tänze und Kritiker beklagten Schrecken erregende Geschwindigkeitstänze, bei denen die »Frauenzimmer« und die Männer mit geknickten Beinen und verdrehten Augen durch den Saal galoppierten.

Es war aber auch die Zeit, in der durch die unterschiedliche Mischung von »schwarzer« und »weißer« Musik allmählich der Jazz entstand – mit einer Fülle von Tänzen und Tanznamen: Blues, Ragtime, Funky Butt, Shimmy, Charleston und anderen.

Tanzstunden in Privathäusern

In Bremen, wo man sehr auf gute Sitten Wert legte und keinen Sinn für geknickte Beine und verdrehte Augen hatte, kündigte Frau Oehlmann Tanzkurse für Erwachsene und für Kinder im »Casino« an. Sie unterrichtete, wie sie in einer Zeitungsannonce mitteilte, nach »leicht fasslicher, bewährter Methode« – Walzer in zwei Stunden, sämtliche Rundtänze in vier bis sechs Stunden.

Das »Casino« befand sich in der Straße auf den Häfen Nr. 106. Es war 1877 auf dem Areal einer Pferdehandlung erbaut worden, das im Laufe der Jahre erweitert wurde.

Aber Frau Oehlmann war nicht die einzige, die in Bremen Tanzunterricht erteilte. Abgesehen von einem Herrn, einer Frau oder einem Fräulein Meyer – nur der Name Meyer ist bekannt – gab es Tanzstunden bei Oscar Polletin Wwe.

Großbürgerliche Posen vor dem Fotografen um die Jahrhundertwende: »Kleines Mädchen im modischen Dress« (oben) und »Herr mit Pfeife« (unten)

Die Quadrille: Vier Paare stehen sich im Quadrat gegenüber und bewegen sich zur Musik

In einer Anzeige, die in den Bremer Nachrichten aufgegeben worden war, teilte Oscar Polletin Wwe. mit, dass noch Platz für Damen und Herren in den Kursen für Erwachsene sei. In den Schülerkursen fehlten junge Mädchen im Alter bis zu 15 Jahren. Die Tanzschule verfügte über große Unterrichtsräume, die allen »gerechten Anforderungen entsprachen«. Die Schule befand sich am Domshof Nr. 15, 1. Etage.

Das gehobene Bürgertum ließ seine Töchter und Söhne in Privathäusern unterrichten.

Der in der bremischen Gesellschaft allgemein anerkannte Tanzlehrer, so erzählt Bürgermeister Theodor Spitta in seinen Erinnerungen, war der Franzose Casorti, ein »Original, wie man es selten findet. Im Sommerhalbjahr lebte er auf seinem schönen Besitztum in Südfrankreich. Im Winter aber zog es ihn Jahr für Jahr nach Bremen, obgleich er die Honorare für die Tanzstunden finanziell nicht nötig hatte. Er selbst begleitete das Tanzen mit seiner Geige und spielte als hochmusikalischer Mensch auch in philharmonischen Konzerten in Bremen aus Liebhaberei mit. Er behauptete, dass er schon alle unsere Mütter im Tanzen und Anstand unterrichtet habe, und schilderte unsere Mütter – wahrscheinlich aus pädagogischen Gründen – als Muster im Tanzen und Benehmen.«

Carsorti, so erinnert sich Spitta, sagte zu einem jungen Mädchen: »Ah – Deine arrme Mutter, ßie war eine Grazie – und Du – und Du bist ein Mehlsack!«

Spitta erzählt auch von den Tänzen, die er damals gelernt hat: Francaise, Quadrille à cour, Walzer, Polka, Polka-Mazurka, Rheinländer und Galopp.

Wir denken bei Spittas Worten vielleicht auch an die Erzählung »Tonio Kröger« von Thomas Mann, in der es einen Herrn Francois Knaak gibt, der in Privathäusern der »ersten Familien« von Lübeck Tanzstunden gab.

Einmal kam Tonio Kröger in der Quadrille mit der Schrittfolge durcheinander. Herr Knaak rief »O weh! Halt, halt! Kröger ist unter die Damen geraten. En arrière, Fräulein Kröger, zurück fi donc! Alle haben es nun verstanden, nur Sie nicht. Husch! Fort! Zurück mit Ihnen!« Er zog ein gelbseidenes Taschentuch und scheuchte den Armen an seinen Platz zurück. Es war für Tonio Kröger eine schreckliche Situation, die er nie in seinem Leben vergessen konnte, und die ihm das Tanzen verleidet hatte.

Der Philosoph Friedrich Nietzsche aber sah in seinem Werk »Also sprach Zarathustra« den Tanz als Symbol des neuen Lebensgefühls: »Erhebt Eure Herzen, ihr guten Tänzer, hoch! höher! Und vergesst mir auch das gute Lachen nicht!«

Es begann in Graz an der Mur

In der Stadt Graz an der Mur, Hauptstadt des Kronlandes Steiermark, lebten im Jahr 1887 rund gerechnet 112.000 Einwohner. Graz lag an der Eisenbahn, hatte ein Oberlandesgericht und war Sitz eines Fürstbischofs. Außerdem saß in Graz das Kommando des 3. Korps.

Die alten Bastionen waren durch die Bemühungen des Feldzeugmeisters Baron Welden in Parkanlagen verwandelt worden, und am Schlossberg erstreckte sich der Stadtpark mit dem prachtvollen Franz-Joseph-Brunnen. Platz genug also für Sonntagsspaziergänge.

Graz hatte eine Universität, ein naturhistorisches Museum, ein Münz- und Antikenkabinett, eine Bibliothek mit 100.000 Bänden, einen Zentralfriedhof in italienischer Gotik, das Franzenstheater am Franzensplatz und das Stadttheater auf dem Karl-Ludwig-Ring.

Außerdem wohnte und arbeitete in Graz ein Verwaltungsdirektor, der Vinzenz Schipfer hieß. Er war mit Catharine von Pabelitsch verheiratet. 1858 bekamen die beiden einen Sohn, der – wie sein Vater – auf den Namen Vinzenz getauft

wurde. Doch war es für das Ehepaar Schipfer außerordentlich bedauerlich und ein für sie unerschöpfliches Gesprächsthema, dass dieser Sohn aus der Art geschlagen war.

Wenn sich Vinzenz Schipfer junior vorstellte, wie sein Vater Verwaltungsdirektor zu werden, bekam er eine Gänsehaut. Der Junge war wohl zu oft im Franzenstheater oder im Stadttheater gewesen. Jedenfalls hatte er eine Prise Theaterluft zuviel eingeatmet. Er war infiziert worden und wollte Schauspieler werden.

Seine Eltern waren – man kann sich das gut vorstellen – absolut dagegen. Du liebe Güte, der Sohn ein Schauspieler! Ein Schmierenkomödiant! Was für ein Skandal!

Daraufhin lief der Junge von zu Hause weg – und tatsächlich, Vinzenz Schipfer, der Jüngere, setzte seinen Willen durch. Er wurde Schauspieler und sogar ein sehr guter, der später in Bremen große Erfolge feierte und Ehrenmitglied des Bremer Theaters wurde. Aber dazu später mehr. 1884 heiratete er Marie Auchner, drei Jahre später, 1887, wurde ihre Tochter Emma in Graz geboren.

Die ersten Jahre der Emma Schipfer

Wir wissen gar nichts aus den ersten Lebensjahren und aus der frühen Jugendzeit der Emma Schipfer. Sie hat nie darüber gesprochen.

Emma Schipfer war, und das steht nun einmal fest, der Spross einer angesehenen Familie – die Großmutter war immerhin eine Adelige und der Großvater ein angesehener Bürger. Mit ihrem Vater allerdings konnte man damals keinen Staat machen und von ihrer Mutter wissen wir nichts außer ihrem Namen und dass sie zwei Jahre nach Emmas Geburt gestorben ist.

Ob Emma danach vorübergehend bei ihren Grazer Großeltern Unterkunft gefunden hat, ist uns nicht bekannt, und wir können auch niemanden mehr fragen. Es ist jedenfalls nicht vorstellbar, dass ihr Vater sie auf seinen Theaterreisen mit durch das Land geschleppt hat. Denn es ist kein Geheimnis, dass der junge und ehrgeizige Schauspieler beruflich durch eine harte Schule gegangen ist. Da war kein Platz für einen allein erziehenden Vater. Abgesehen davon, dass Vinzenz Schipfer als österreichischer Charmeur eine

Emmy Schipfer, 1900

»Nebenbeschäftigung« hatte, die er offenbar sehr ernst nahm: Er knickte Frauenherzen. Und so etwas kostet Zeit!

1895 heiratete Vinzenz Schipfer zum zweiten Mal. Die Auserwählte war Ulla Frank, geboren am 23. Juli 1863 in Klötze, Kreis Gardelegen, die damals in Salzwedel mitten in der Stadt in der Reiche Straße als Tochter des angesehenen Kaufmannes Louis Frank und seiner Frau Rosalie wohnte. Ulla Frank war – für damalige Zeiten – ein »spätes Mädchen«, also, sie war mit anderen Worten nicht mehr ganz taufrisch.

Über den Weg des Vinzenz Schipfer nach Salzwedel können wir nichts sagen. In der vom Standesamt ausgestellten Heiratsurkunde wurde Vinzenz Schipfer als »Schauspieldirektor, wohnhaft Bern in der Schweiz«, bezeichnet.

Zur Zeit der Eheschließung war Emma Schipfer acht Jahre alt, und es scheint, dass sie in der jungen Frau ihres Vaters eine vertrauensvolle Stiefmutter fand.

Salzwedel

In der alten Hansestadt Salzwedel wohnten zu jener Zeit etwa 10.000 Einwohner. Die Stadt besaß fünf Kirchen, darunter St. Marien und St. Katharinen, alte Tore, die Reste einer Burg, das alte Rathaus, in dem damals das Amtsgericht untergebracht war, das neue Rathaus von 1618, ein Gymnasium, ein Kreiskrankenhaus, zwei Hospitäler, ein Siechenhaus und (der Brockhaus schreibt es in dieser Reihenfolge) ein Schlachthaus und ein wenig Industrie, darunter eine Baumkuchenbäckerei – die Spezialität von Salzwedel. Hinzu kamen Brauereien und Branntweinbrennereien. Und eine eingesessene Tanzschule.

Ob das junge Ehepaar Schipfer zunächst weiter gezogen ist, lässt sich nicht ermitteln. Immerhin aber ließ Vinzenz Schipfer, der sich inzwischen den Künstlernamen Julius Donat zugelegt hatte, im Jahre 1901 eine Villa im »Großen Stegel« bauen, die noch heute steht. Es handelt sich um das Haus Goethestraße (ehemals Großer Stegel) Nr. 25.

Es lässt sich nicht feststellen, ob Vinzenz Schipfer in Salzwedel als Schauspieler und Regisseur gearbeitet hat. Salzwedel war schon Ende des 18. Jahrhunderts ein beliebtes Ziel von Wandertheatertruppen, die im »Stadt-Theater« im Hause des Hotels »Sieben Linden« gastierten.

Vielleicht ist er mit einem Wandertheater nach Salzwedel gekommen und dort – vorübergehend – hängen geblieben. Möglich! Aber dann fehlt der Bezug zu Bern und zu dem Schauspieldirektor. Jedenfalls sucht man den Namen Vinzenz Schipfer oder Julius Donat vergeblich in entsprechenden Theaterkritiken der beiden Salzwedeler Zeitungen.

Villa Schipfer

Im Adressbuch des Jahres 1902 werden wir mit Hilfe des Stadtarchivars Langusch zum ersten Male fündig: Hier steht der Name »Schipfer, Vinzenz, Ober-Regisseur, Gr. Stegel«.

Der Große Stegel war das Villenviertel von Salzwedel. Die ersten Häuser in der Straße wurden im Jahre 1900 gebaut. Und als das Haus des Vinzenz Schipfer hochgezogen wurde, gab es noch etliche Baulücken in der Straße.

Einer der Nachbarn der Schipfers war der Tanzlehrer Eduard Hennings, der schon mehr als 20 Jahre in Salzwedel Tanz- und Ballettkurse anbot und aus Berichten alter Gymnasiasten einen guten Namen hatte. Dass Emma Schipfer bei Eduard Hennings das Tanzen gelernt hat, könnte man sich vorstellen. Allerdings hat sie später einmal gestanden, nie im Leben einen Tanzkursus besucht zu haben.

Wir müssen also davon ausgehen, dass sie auch nicht als Mädchen an einem Kindertanzkurs des Herrn Hennings teilgenommen hat, was auf Grund der guten Familie, in die ihr Vater hineingeheiratet hatte, durchaus möglich gewesen wäre.

Was nun die Residenz des Vinzenz Schipfer am Großen Stegel angeht, so hat er offenbar nicht viel davon gehabt. Er wollte es vielleicht auch gar nicht, denn – wie es scheint – war er immer noch in Frauengeschichten verstrickt, so dass sich die ehrbare Familie Frank von ihm distanzierte. Wir behaupten das einfach mal so, ohne Beweise dafür zu haben.

Jedenfalls war die »Schipfer-Villa«, wie sie allgemein genannt wurde, schon im Jahre 1903 nicht mehr in seinem Besitz. Zu dieser Zeit gehörte das

Villa Schipfer in Salzwedel

Haus seiner Schwiegermutter Rosalie Frank. Sie ließ, wie aus alten Dokumenten hervorgeht, eine Küche anbauen und eine Klärgrube anlegen – damals hatte die Stadt noch kein Abwassersystem.

Aus all dem kann man vermuten, dass Vinzenz Schipfer schon gar nicht mehr in Salzwedel lebte – zumindest nicht mehr regelmäßig. Ja, man könnte den Eindruck haben, als habe Vinzenz seine Familie und damit auch seine Tochter Emma irgendwann in dieser Zeit verlassen.

Das geht – wenn auch nicht direkt – aus der Bremischen Biographie 1912-1962 hervor: »Durch seinen langen Aufenthalt in Bremen fühlte er sich mit der Stadt wie mit den zahlreichen Freunden seiner Kunst aufs engste verbunden. Als Franz Froneck, der beliebte Opernbuffo des Bremer Stadttheaters, voller Optimismus am 3. Mai 1903 im Tivoli an der Weide ein eigenes Theater eröffnete, das wenige Monate später sogar den viel versprechenden Namen »Deutsches Theater« erhielt, zählte Schipfer zu seinen besten Mitwirkenden.«

Es sieht so aus – und diskrete Bemerkungen in Interviews mit Emmy Schipfer haben bestätigt, dass sich Vinzenz Schipfer nicht besonders intensiv um seine Tochter gekümmert hat. Dafür gehörte sie nun wohl ganz selbstverständlich zur Familie Frank.

Wir wollen uns aber wegen der Lücken im frühen Lebenslauf der Emmy Schipfer keine grauen Haare wachsen lassen. Ihr Leben war so reich, dass es auf ein paar Jahre nicht ankommt.

Wir werden uns die Zeit bis zum Jahre 1906, als Emma Schipfer nach ihren Worten das Tanzen zu ihrem Beruf machte, und 1907, als die Tanzschule Emmy Schipfer gleich zu Anfang des Jahres ihre Arbeit aufnahm, damit vertreiben, dass wir in der Geschichte des Tanzens blättern.

Am besten wir setzen uns dazu gemütlich ins Café Kruse in der Holzmarktstraße in Salzwedel und genießen bei einer Tasse Kaffee Baumkuchen mit Zuckerguss oder mit Schokolade. Denn als die junge Emmy Schipfer mit ihrer Stiefmutter und Freundin Ulla Schipfer ihre tänzerische Zukunft besprochen hat, wird sie dazu möglicherweise einen neutralen Ort gewählt haben – und dazu ist ein Café sehr gut geeignet. Das Café Kruse hieß damals allerdings noch Café Schernikow, was aber an der Qualität des Baumkuchens sicher nichts geändert hat.

Baumkuchen

Der Baumkuchen feierte im Jahre 1906 sein Jubiläum, – denn es gab ihn bereits seit 100 Jahren.

Luise Lentz aus Salzwedel hatte ihn nach einem überlieferten Rezept von ihrem Großvater gebacken und es dann dem jungen Zuckerbäckermeister Johann Christian Schernikow zu getreuen Händen übergeben. Als Geburtsjahr der Salzwedeler Baumkuchen-Gilde ist das Jahr 1808 historisch verbürgt.

Hoffähig wurde der Salzwedeler Baumkuchen im Jahre 1841. Damals legte der Preußen-König Friedrich Wilhelm IV. Zeugnis über die hohe Qualität des ihm kredenzten Kuchens ab. Der Salzwedeler Baumkuchen machte daraufhin an den Höfen in Berlin, Wien und St. Petersburg die Runde. 1865 wurde der Zuckerbäcker Andreas Fritz Schernikow Hoflieferant.

Bis 1920 trug das Café den Namen Schernikow, dann wurde es an den Konditormeister Fritz Kruse übergeben.

Nach der Enteignung 1958 – Salzwedel lag in der DDR – wurde der Salzwedeler Baumkuchen »verstaatlicht«. Wer ihn essen wollte, musste ins Ausland fahren, was ja zu jener Zeit auch nicht einfach war.

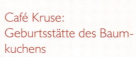

Nach der Wende im Jahre 1989 übernahm ein Kruse-Erbe das Geschäft und verkaufte es 1993 an die Familie Wullschläger, die Salzwedel in einen »Wallfahrtsort« für Baumkuchen-Liebhaber verwandelt hat.

So, und das reicht jetzt erst einmal. Denn wir wollen ja keine Festschrift über den Baumkuchen veröffentlichen, sondern über die Tanzschule Schipfer-Hausa, deren Grundstein möglicherweise bei einer Tasse Kaffee und einem Stück Baumkuchen gelegt worden ist.

Doch eines sollten wir noch mal eben erzählen. Der Tanzlehrer Hinrich Wulf, der die Tanzschule Schipfer-Hausa viele Jahre führte, bekommt alljährlich zu Weihnachten Baumkuchen aus Salzwedel geschenkt. Rein zufällig und ohne Bezug zu Emmy Schipfer.

So schließen sich Kreise.

Café Kruse:
Geburtsstätte des Baumkuchens

Ausflug in die Geschichte des Tanzes

Wir dürfen wohl davon ausgehen, dass der Tanz ein Naturprodukt ist und zugleich die älteste Kunst überhaupt: »Ein Füllen auf der Weide tanzt impulsiv und voller Kicks, eine Art ›Ragtime‹, die Bienen dagegen tanzen rituell, eher eine Art Menuett«, heißt es in dem umfangreichen Buch »Tanzen weltweit«.

Der griechische Schriftsteller Lukian (um 120 bis nach 180) geht noch einen Schritt weiter: »Was ist jener Reigen der Gestirne und jene regelmäßige Verflechtung der Planeten mit den Fixsternen und die schöne Harmonie ihrer Bewegungen anderes als Proben jenes uranfänglichen Tanzes? Man kann also sagen, die Tanzkunst ist so alt wie die Welt.«

Bei den frühen Völkern wird der Tanz zunächst eine Form der Kulthandlung gewesen sein. Der Regenmacher schichtete Steine oder Sand, legte einen magischen Stein obenauf und umtanzte den Haufen stundenlang, wobei er Zaubersprüche sang. Es gab Fruchtbarkeitstänze, bei denen es auf die Höhe der Sprünge des Tänzers ankam. Je höher man sprang, desto höher wuchs das Korn. Es wurde getanzt, um die Götter gnädig zu stimmen, und es gab den »Tanz um das goldene Kalb«, der uns aus dem 2. Buch Moses vertraut ist.

In der Antike

Im antiken Griechenland priesen Dichter und Denker den hohen erzieherischen Wert des Tanzes. Der Philosoph Sokrates (470–399) behauptete: »Die Männer, die am besten tanzen, sind die besten Krieger.« Es ist nicht bekannt, ob Sokrates besonders gern getanzt hat, schon gar nicht mit seiner Frau, die Xanthippe hieß und genauso auch gewesen sein soll – jedenfalls in den Augen einiger Männer, denn sie ließ sich nichts gefallen.

Beiläufig sei erwähnt, dass wir Überreste der Kriegstänze und des Kriegsgeschrei in unseren Marschtänzen und in der Marschmusik wieder finden.

In den 1950er- und 60er-Jahren galt auf Bällen der Marsch »Wir wollen unseren alten Kaiser Wilhelm wieder haben ...« zu den Höhepunkten einer ausgelassen tanzenden Gesellschaft. Mit Kriegsgeschrei hatte das aber absolut nichts mehr zu tun.

Bei den alten Griechen, die sich mit weichen, schön fallenden Stoffen kleideten, tanzten alle: die Götter auf dem Olymp, die Heroen, die Priesterinnen, die Musen, die Jungfrauen, die Knaben und die Männer.

Die Gestaltung der Tänze war stark mimisch, ihre Ausführung dramatisch. Plato spricht in diesem Zusammenhang von einer »stummen Dichtkunst«. Es gab Kriegstänze, ausgelassene, zynische Tänze, lustige Tänze. Und fast alle Tänze wurden von dem Gesang der Zuschauer begleitet oder von dem Gesang der Tänzer selbst.

Die Römer waren dagegen die reinsten Tanzmuffel. Genauer gesagt: Sie tanzten so gut wie gar nicht! Cicero meinte sinngemäß, ein Mensch der tanzt, sei entweder betrunken oder geistig verwirrt.

Römische Mode des klassischen Altertums: der Herr trägt eine Toga, die Frau eine Palla

Auch in der römischen Kaiserzeit war das Tanzen nur eine Form der Unterhaltung für Zuschauer. Für die Tanzenden war der Tanz nichts anderes als ein Broterwerb.

Emmy Schipfer, die sich mit der Kultur des Tanzes beschäftigt hat, schreibt in einer Artikelserie: »Überlieferungen von Tanz im oströmischen Reich sind spärlich und ungenau. Es gab, wie auch in Westrom, kultische und Schautänze, ebenso pantomimische Darstellungen im Zirkus neben Gladiatorenkämpfen und Schaustellung wilder Tiere.« Tanzlehrer als Dompteure!

In der Mode standen die Römer den Griechen nahe. Auch sie hatten eine Art Nationaltracht entwickelt. Sie trugen Hemdkleider (Tunika), über die sie, wenn sie das Haus verließen, eine Toga, ein ärmelloses, vorn offenes Gewand zogen.

Die Frauen schmückten sich auf der Straße mit einer Palla – einem Umhang, der den ganzen Körper bedeckte, auch den Kopf. Die römischen Frauen legten sehr viel Wert auf gepflegte Frisuren. Die Männer hingegen machten mit ihrem Haar nicht viel Aufhebens und mit dem Kamm hatten sie nicht viel im Sinn. Dass sich die Römer vor allem der Kriegs- und der Staatskunst zuwandten und keinen Sinn für das Tanzen hatten, muss aber im großen römischen Imperium nicht die Regel gewesen sein.

Die unter dem Joch der Römer lebenden Völker haben durchaus getanzt. So sagte Jesus in einer Rede über Johannes den Täufer: »Wir haben euch aufgespielt, und ihr wolltet nicht tanzen!« Entweder waren seine Zuhörer bereits von den Römern infiziert worden, oder sie hatten einfach keine Lust.

Anders war es in der Geschichte vom verlorenen Sohn, denn als dieser nach Hause zurückgekehrt war, wurde vor Freude gesungen und – getanzt.

Höfische Mode des 13.-15. Jahrhunderts: Burgfräulein mit burgundischer Haube und kegelförmigem Kopfputz mit langen Schleiern und Edelmann im »Henslein«, dem enganliegenden kurzen Schoßrock mit langen Schnabelschuhen (links); daneben Handwerker in ihrer Alltagskleidung (rechts)

Im Mittelalter

Im frühen Mittelalter gab es in Mitteleuropa vor allem die Kulttänze, die unter dem Einfluss des Christentums zunächst verboten wurden, dann aber als weltliche Tänze sozusagen eine Auferstehung feierten. Sicher scheint, dass der höfisch Gebildete sich auf Saitenspiel und auf Gesang verstehen musste. Lyrische Poesie wurde abgesungen, nicht aber abgelesen. Wir wissen nicht genau, wie das geschah. Experten denken an eine Art Gejodel, das begleitet wurde von Tönen der Harfe, der Fiedel und der Zupfgeige.

Von Karl dem Großen wird erzählt, dass er sich auf diese Art gern unterhalten ließ. Vielleicht hat er selbst getanzt, vielleicht hat er aber auch nur zugeguckt. Er kleidete sich nach der nationalen Tracht der Franken, denn er war ein bescheidener Herr, der prunkvolle Gewänder nur trug, wenn es unbedingt nötig war.

Die Tracht der Franken war ein Leinenhemd, eine Leinenhose, die die Oberschenkel bedeckte, und eine Tunika. Die Unterschenkel waren mit Schenkelbändern umhüllt.

Dennoch, bei all seiner Bescheidenheit, war Karl kein Kostverächter.

Anders als sein sauertöpfischer Sohn, Ludwig der Fromme: Der verzog, wenn er andere tanzen sah, keine Miene – allenfalls eine missbilligende.

Über die höfischen Tänze des 12. und 13. Jahrhunderts gibt es so gut wie keine Nachrichten. Lehrbücher der Tanzkunst wurden erst im 15. Jahrhundert geschrieben.

Eines scheint allerdings festzustehen: Wer singen konnte, hatte gute Karten, denn der Tanz wurde mit Gesang begleitet. Der höfische Tanz könnte unserer Polonaise ähnlich gewesen sein. Außerdem gab es Singspiele und Reigentänze. Ein Vorsänger oder ein Vortänzer mit der Fiedel schritt den Tänzern voraus. Der Refrain wurde vorgesungen oder als Bewegungsspiel begleitet.

Manchmal tanzten nur die Mädchen miteinander, manchmal nur die Männer. An den Hö-

Links: Festgewänder der Oberschicht: hoher Spitzenkragen bei den Damen und pelzbesetzte Jacke bei den Herren

Rechts: Mützen, Gugel und Tanzjacken, dazu Stiefel und Messer gehörten bei den Männern, Gürtel, Geldbeutel und Schlüssel bei den Frauen zum Festkleid des unteren Standes

fen tanzten häufig die Ritter und die Damen miteinander. Auch tanzte man in Paaren, wobei der Tänzer ein oder zwei Tänzerinnen bei der Hand fasste. Dann ging man mit feierlichen Schritten durch den Saal unter dem Spiel von Saiteninstrumenten.

Es gab gemessene Tänze, die »getreten« wurden, und bewegte Tänze mit hohen Sprüngen, die Reien genannt wurden. Man tanzte sie häufig im Freien, auf Straßen und Wiesen, wobei Tänzer und Tänzerinnen sich durch möglichst hohe und weite Sprünge auszeichneten. Diese Art Tänze wurden – wie man sich vorstellen kann – von beißender Kritik begleitet, vor allem dann, wenn das einfache Volk diese Reien tanzte. Die Sittenprediger wurden nicht müde, gegen »das wüste Umblauffen, unzüchtige Drehen, Greiffen und Maullecken« zu wettern.

Auch kamen Tänze auf, bei denen man nicht nur hüpfte und sprang, sondern auch hinkte, wie beim »Hoppelvogel«, »Firlefanz« oder »krummen Reihen«, die vom Geschrei der Tänzer und Tänzerinnen begleitet wurden.

Über Tänze in Bremen ist aus dieser Zeit so gut wie nichts bekannt. Dennoch gibt es eine kleine Geschichte, die uns zeigt, dass auch in Bremen schon immer getanzt wurde.

Ostern 1334 barst im Domchor eine Mauer und aus einem Spalt strömte ein herrlicher Duft – man fand die seit Jahrhunderten eingemauerten Reliquien der Ärzteheiligen Cosmas und Damian. Für Pfingsten 1335 wurde ein großes Fest angesetzt, auf dem ihre Bergung gefeiert werden sollte. Alles, was Rang und Namen hatte, wurde dazu geladen. Die Bürger und ihre Frauen waren festlich gekleidet, und es gab ein Programm, in dem auch ein »Hoftanz« nicht fehlte. Weitere Informationen über den pfingstlichen Tanz in Bremen liegen uns allerdings nicht vor.

Mit der Renaissance, die in Italien um 1350 begann und als »Wiedergeburt der Antike« begrüßt wurde, kam es zu einer neuen Sinnen- und Körperkultur. Die Herren trugen kurze Jacken und Beinlinge. Darüber ein ärmelloses Übergewand mit Faltenschoß. Der Kopf mit glatt herabhängendem oder gekraustem Haar wurde von einem Barett, einem Stirnreif oder einer Kappe bedeckt.

Die Damen trugen schlichte Unterkleider und elegante Oberkleider, die hoch gegürtet waren und eine Schleppe hatten. Das Haar wurde gehalten von einem Goldschnürennetz, einer Perle über der Stirn oder einem Mützchen am Hinterkopf. Die Kleidung der hohen Stände war nicht nur kostbar, sondern auch schwer, so dass sich die Tänzer nur beschränkt bewegen konnten – obwohl gerade in dieser Zeit gern getanzt wurde.

Etwa um das Jahr 1400 kam das paarweise Tanzen auf. Es erschien gegen das hergebrachte reihenweise Tanzen als unerhört und unschicklich – in Ulm wurde es sogar vom Rat der Stadt verboten und es scheint, dass sich andere Städte dem angeschlossen haben. Aber geholfen hat es nicht.

Die Patrizier der freien Reichsstädte erbauten eigene Tanzhäuser, wo sie unter sich blieben und fröhlich tanzten, und da viele der Patrizier in den Stadträten saßen, gab es sowieso keine Schwierigkeiten.

Links: In der Reformationszeit trugen die Damen züchtige Hauben und hochgeschlossene Kleider, die Herren Mäntel mit üppigem Pelzbesatz
Rechts: Im 17. Jahrhundert erfreuten sich neben den aufwändigen Roben vor allem die großen Allonge-Perücken großer Beliebtheit

Im 16. und 17. Jahrhundert

Im Norden Europas, wo die Renaissance mit erheblicher Verspätung eintraf, war der Tanz zumindest bei den prüden Protestanten umstritten. Nicht so bei Luther, der nichts gegen das Tanzen hatte und sogar Kirchenlieder nach alten Tanzweisen singen ließ. Während einer Tischrede im Jahre 1540 sagte er: »Tänze sind eingerichtet und zugestanden worden, damit artiges Benehmen gelernt werde im Verkehr und Freundschaft und Bekanntschaft geschlossen werde unter Jünglingen und Jungfrauen.«

Luthers Mitstreiter Melanchthon hörte so etwas sehr gern. Er soll ein recht passabler Tänzer gewesen sein – jedenfalls tanzte er gern.

Es gab genau genommen auch keinen Grund gegen das Tanzen zu sein. Die Herren erschienen – natürlich nicht nur beim Tanzen – im würdevollen Überrock mit kostbarem Pelzwerk. Das Hemd war fein gefädelt am Halse sichtbar. Die Frauen trugen hoch geschlossene Kleider in schön gewählten Farbzusammenstellungen und Hauben in vielen Abwandlungen. Es war eine wohlanständige Mode, und wohlanständig waren ihre Träger – nicht zuletzt auch beim Tanzen.

Frauen und Männer saßen getrennt im Saal. Die Herren forderten die Damen mit einem ausgefeilten Zeremoniell auf, das mit Kniebeugen und Referenzen reichlich versehen war, und ganz offiziell gehörte auch das Küssen dazu. Es war sozusagen eine Vorform des Kusswalzers, der von jungen Leuten nach Ende des Zweiten Weltkrieges mit besonderem Spaß getanzt wurde – auch in Bremen. Aber nicht bei Schipfer-Hausa.

Ganz sicherlich hatten weder Luther noch Melanchthon jene unzüchtigen Tänze im Auge, die im späten Mittelalter in den Städten getanzt wurden. Dabei präsentierten sich die Tänzer oft halbnackt. Mit ihrer Tanzkunst versuchten sie besonders das berüchtigte »umbwerfen«. Diese Übung bestand darin, dass der Tänzer seine Tänzerin in einer Stellung zu Boden warf, die ihren Körper zuchtlos entblößte.

Mit den Bauern- und Glaubenskriegen wurden die Zeiten härter, und besonders die protestantische Geistlichkeit war zweihundert Jahre ein Hort der Tanzfeindlichkeit. Kultur und Tanzkunst kamen in Deutschland nahezu zum Erliegen.

Im 16. Jahrhundert tanzte man in Frankreich die Branle oder Bransle (branle = sich regen, sich

Bürgerliches Tanzvergnügen im 16. Jahrhundert – die Patrizier in den Städten leisteten sich »Tanzhäuser«, Gebäude, die nur zu diesem Zweck gebaut und aus öffentlichen Mitteln finanziert wurden

Links: Das Menuett – ursrpünglich ein Hof- und Gesellschaftstanz – beherrschte bis ins 19. Jahrhundert die Ballsäle und Bühnen
Rechts: Die Gavotte war einer der beliebtesten Gesellschaftstänze Anfang des 19. Jahrhunderts – getanzt im schnellen 4/4-Takt

bewegen). Unter den französischen Tänzen ist er der älteste. Der Brockhaus von 1894 bemerkt: »Die richtige Beschreibung dieses Tanzes ist sehr schwierig, da er nach Gegend und Zeit verschiedene Charakter hatte. Ursprünglich war er ein mit Gesang und Spiel begleiteter Chorreigen, der Urtanz aller Völker. Früher begann man in Frankreich alle Bälle mit der Branle.«

Die feine Gesellschaft in Frankreich tanzte die Courante. Es war ein Kunsttanz im 3/2-Takt, der von der Laute begleitet wurde. In diesem Tanz gab es viele Verbeugungen, Erheben auf die Fußspitzen und sonstige Finessen, in feiner Beobachtung des Raumes, den man mit geometrischen Figuren ausschritt. Später wurde er auch im ungeraden Takt getanzt.

Aus Spanien kam die Pavane. Sie wurde stolz in Haltung und Gebärde getanzt – ein Hoftanz, der vom brüstenden Gang des Pfaus abgeleitet worden war.

Fast überall in Europa tanzte man die Gagliarde. Es war ein alt-italienischer Tanz im 2/3 oder 3/4-Takt. Er hatte einen lustigen Charakter wegen seiner kühnen Heiterkeit und Sprungfreude.

Die Volta, die ebenfalls von Italien aus Europa eroberte, war ein wilder Bauerntanz. Feine Leute tanzten ihn nicht.

Nach dem Dreißigjährigen Krieg entwickelte sich einer der beliebtesten Tänze überhaupt: die Allemande. Experten meinen, dass es sich bei diesem Tanz, der im langsamen Schleifschritt und in einem besonderen Rhythmus getanzt wurde, um einen der ältesten Nationaltänze der Deutschen handele.

Eine Meisterin in der Allemande war übrigens die französische Kaiserin Josephine, die erste Gemahlin Napoleons I. Sie liebte diesen Tanz so leidenschaftlich, dass er, so oft sie das Theater besuchte, ihr zu Gefallen in jedem Zwischenakt auf der Bühne aufgeführt wurde. Die Allemande ist ein Vorläufer des Walzers.

Zu jener Zeit, da die Allemande ihren Siegeszug in Deutschland begann, gründete König Ludwig XIV. von Frankreich die erste Tanzakademie in Europa. Das war im Jahre 1661. Vor dieser Akademie mussten Tänzer und Tanzlehrer eine Prüfung ablegen.

Damals pflegte man die abgezirkelten Hoftänze, dazu gehörte neben der Courante das Menu-

Die Allemande – ein Schreittanz im langsamen 4/4-Takt – war in ganz Europa seit dem 16. Jahrhundert einer der beliebtesten Tänze

Dörfliches Tanzvergnügen im 19. Jahrhundert

ett. Dieser Tanz war um 1650 aus der Provinz Poitou an den Hof des Sonnenkönigs gekommen. Er zeichnete sich durch einen anmutigen würdevollen Anstand aus und wurde der Tanz der vornehmen Welt. Seinen Namen soll das Menuett von den graziösen kleinen Schritten erhalten haben, mit denen es ausgeführt wurde.

Im 18. und 19. Jahrhundert

Die Tanzsitten änderten sich mit der französischen Revolution im Jahre 1789. Das Menuett kam aus der Mode und wurde erst auf den Hofbällen in Berlin Ende des 19. Jahrhunderts wieder getanzt – aber auch nicht lange.

Auf Bällen und Tanzböden begann die Zeit der »demokratischen Tänze«. Während zuvor vom Tanzordner jeweils ein Paar auf die Tanzfläche gerufen wurde, fingen nun viele oder gar alle Paare gleichzeitig zu tanzen an. Der Gruppentanz verschwand und nur einige Elemente blieben bis in die heutige Zeit erhalten, so in der Polonaise und im Formationstanz, der in unserer Zeit durch Bremer und Bremerhavener Formationstänzer große nationale und internationale Erfolge feiert.

Bereits Mitte des 18. Jahrhunderts kam in Österreich der Wiener Walzer auf, der sich aus den Bauerntänzen des Mittelalters entwickelt hatte und der sehr schnell den ganzen Kontinent eroberte. Er gehört auch heute noch zu den beliebtesten Gesellschaftstänzen.

Die Bezeichnung Walzer wird von dem deutschen Wort »waltzen« abgeleitet, was ursprünglich »auf der Waltz sein« bedeutete, nämlich auf Wanderschaft sein.

Und es versteht sich von selbst, dass auch Goethe seinen Senf zum Walzer abgegeben hat. In seinen Buch »Die Leiden des jungen Werthers« schreibt er: »... und da wir nun ans Walzen kamen und wie die Sphären umeinander herumrollten, ging's freilich anfangs, weil's die wenigsten können, ein bisschen bunt durcheinander. Wir waren klug und ließen sie austoben, und als die Ungeschicktesten den Plan geräumt hatten, fielen wir ein und hielten mit noch einem Paare, mit Audran und seiner Tänzerin, wacker aus. Nie ist mir's so leicht vom Flecke gegangen. Ich war kein Mensch mehr. Das liebenswürdigste Geschöpf in den Armen zu halten und mir ihr herumzufliegen wie Wetter, dass alles rings umher verging ...«

Der Dichter Johann Georg Jacobi, der 1740 in Düsseldorf geboren wurde und 1766 als Professor der Philosophie und Beredsamkeit nach Halle berufen wurde, äußerte sich so: »Wäre der Walzer überall so beschaffen, wie ich an einigen Orten ihn gefunden habe, so könnte nur ein grämlicher Pedant ihn missbilligen; aber mehrentheils wird er entweder mit übermäßiger Geschwindigkeit gleich angefangen, oder er geht, wenn die Tänzer sich erhitzen, nach und nach in dieselbe über.

Die Fröhlichkeit verwandelt sich in Ausgelassenheit. Bald ist es nicht mehr Tanz, sondern wildes Herumrennen, das die jagenden Instrumente kaum zu begleiten im Stande sind.

Und wie darf man von jungen Leuten, wenn ihr Körper erst in der heftigsten Bewegung, ihr Blut in voller Wallung ist, wie darf man von ihnen erwarten, dass sie mitten in der Lust, zu welcher der muntre Klang der Geigen sie je länger je mehr entflammt, sich mäßigen sollten? Die schnellste Bewegung dünkt sie nicht schnell genug; ablassen werden sie nicht, bis der Athem fehlt.

In vielen Gegenden sogar wird der Walzer nicht bloß als Intermezzo gebraucht; sondern macht den vornehmsten Tanz aus; und in einigen bringt man, ohne Abwechslung, mit ihm ganz al-

Der »König« unter den Tänzen: der Wiener Walzer

Ballvergnügen auf einem Bazar des Frauenerwerbs- und Ausbildungsvereins 1898 im Gebäude des Künstlervereins, heute Glocke

lein ganze Nächte zu. Obwohl nun, insonderheit in großen Städten, kein Winter dahingeht, ohne Beispiele von Personen, welche diese Lustbarkeit entweder plötzlich, oder in kurzer Zeit weggrafft, oder langwierig, und desto schmerzhafter auszehrt; so lässt man dennoch sich nicht warnen, sondern tröstet sich, aus Hang zum Vergnügen, wie diejenigen, die aus Noth eine gefährliche Hanthierung treiben müssen, mit der Hoffnung, unter den wenigen Glücklichen zu entrinnen.

Ferner sah ich auf den meisten Bällen, dass der walzende Tänzer seine Tänzerin ganz umfasst, umschlungen hielt; beide oftmahls Knie an Knie, Brust an Brust, eine Gruppe miteinander machten, worin man auf einem Gemälde ein wollüstiges Umarmen zweyer Liebenden erkennen würde.

Ist es nicht von einem, auch wohl gezogenen Jüngling zu viel begehrt, dass er bei solchen Lockungen unempfindlich bleiben solle? Wird er nicht mit dem reizenden Mädchen in nähere Vertraulichkeit zu kommen suchen, dessen Athem ihn anweht, von dessen heißen Wangen er den Widerschein fühlt, dessen Herz so gut als an dem seinigen klopft?

Wie erst, wenn ein frecher, abgefeimter Wollüstling das Mädchen so in seiner Gewalt hat? Was für Kunstgriffe wird er nicht anwenden?

Und je unschuldiger das arme Geschöpft, desto gefährlicher! Immer würd' es ihr schwer seyn, dem Augenspiel, den süßen Worten, dem Händedruck eines ausgelernten Verführers zu widerstehen; jetzt aber, im Taumel der schnellen Bewegung, von Tanz und Musik umrauscht, ihrer nur halb mächtig, was soll die unerfahrene Unschuld sichern? Wird sie gleich ihrem Tänzer nicht zur Beute, so hat dieser doch einem andern die Eroberung leichter gemacht.

Dass ich nicht übertreibe, dessen bin ich gewiss; denn ich habe die eigenen Geständnisse verschiedner unbefangener Weiber sowohl, als in der großen Welt gebildeter Damen für mich, die mir den gewaltigen Eindruck des Walzers auf ihre Sinnlichkeit, während ihres jugendlichen Alters, nicht leugneten.

Einige der letzteren fügten hinzu: Es wäre der einzige Tanz, zu welchem sie ihren Liebhabern nicht gestatteten, eine andre aufzufordern; auch würden sie keiner unverheyratheten Tochter denselben erlauben.

Leider gibt es dagegen Mütter die Menge, die nicht allein ihre halb erwachsenen Mädchen zu Walzer anführen; sondern in Gegenwart ihrer Kinder, von denen sie doch Ehrfurcht warten, sich selbst auf die unanständigste Art herumschleudern lassen.«

Die Entstehung des Balles

Es war Ende des 19. Jahrhunderts. In Deutschland war man nicht gut auf die Franzosen zu sprechen, was – wie wir wissen – auf Gegenseitigkeit beruhte. Frankreich, man kann sich das heute gar nicht mehr vorstellen, war der »Erzfeind«, und was aus Frankreich kam, konnte man im Deutschen Reich »vergessen«. Die vielen Berührungspunkte, die es nun einmal gab, wurden in Deutschland, wenn möglich, auf »deutsch getrimmt«.

So wurde den Lesern von Schorers Familienblatt folgende Geschichte über die Entstehung des Balles erzählt:

»Ein sonniger Maitag ist's – zur Zeit der mächtigen Hohenstaufenkaiser; der blühende Frühling lacht den Menschen ins frohe Antlitz, denen zu dieser Zeit frische Jugendfreude das Herz schwellt.

Auf dem Anger ist's, vor der Stadt oder bei dem Dorfe, wo sich Jünglinge und Jungfrauen zusammen finden, um den Ball zu schlagen. Jauchzende Lust tönt aus dem Kreise der Spieler; der Jüngling wirft den Ball dem Mädchen zu, das er liebt, und diese erwidert, wenn sie gleiche Gesinnung hegt, den Wurf oder schleudert den Ball einem anderen zu, den sie gern hat.

Zu dem Ballschlagen gesellt sich der Tanz auf der grünen Wiese. Hier wird mit aller Lebhaftigkeit fröhlicher, bewegter Jugend der ›Reigen gesprungen‹. Ein Chor von Alt und Jung stimmt ein Lied an, welches sich im Takt des Tanzes bewegt, und ohne dessen Begleitung das mittelalterliche Tanzen undenkbar ist, auch wenn die Geige aufspielt. Dazwischen fliegt der Ball hin und her, und so sehen wir im anmutsvollen Spiel, Musik und Poesie vereint.

So kam es, dass der Name Ball für unsre Tanzfeste üblich ward, indessen bürgerte sich diese Bezeichnung erst im 17. Jahrhundert ein. Die Einflechtung des Ballspiels in den Tanz war in der Blütezeit mittelalterlichen Lebens sehr beliebt. Das Ballspiel war eine besonders bevorzugte Unterhaltung jener Zeit; es übte die körperliche Gewandtheit, erforderte Sicherheit des Auges und der Hand und hielt mit seinem lebhaften Treiben alle Kräfte angespannt.

Der Ball, welcher von weichen, mit Haaren gefülltem Leder gefertigt war, wurde mit der Hand geworfen oder mit einem Stab geschlagen. Dass man durch das Zuwerfen des Balles seine Neigung andeuten konnte, gab dem Spiel gerade in seiner Verbindung mit dem Tanz einen besonderen Reiz.«

৯ ৫

Doch Schorers Familienblatt hatte schlecht recherchiert.

Der Ball, nicht der Fußball, sondern der Festball, hat mit dem Ball gar nichts zu tun. Das Wort kommt, ob es nun die alten Deutschen von vor hundert Jahren wollen oder nicht, aus dem Französischen. Und der französische »bal« wiederum stammt von dem lateinischen Wort »ballare« (tanzen).

Das Duden-Fremdwörterbuch geht noch einen Schritt weiter: Der Ball ist ein Tanzfest, und das Wort kommt nicht nur aus dem Französischen und Lateinischen, sondern auch aus dem Griechischen.

Und wenn der unbekannte Autor seine Nase mal in das Deutsche Wörterbuch der Brüder Grimm gesteckt hätte, was ihm damals allerdings nicht möglich war – das Buch war noch nicht erschienen – wäre ihm aufgefallen, dass der Ball, der Spielball, mit dem Festball überhaupt nicht verwandt ist.

Die Grimms listen alles auf und kommen schließlich auf den italienischen »ballo« und auf den französischen »bal«, und das heißt: »die Schenkel werfen, tanzen«.

In Frankreich wurde der »Ball« erstmals im 14. Jahrhundert bezeugt. Hervorgegangen ist er aus den Turnierfesten an den mittelalterlichen französischen und burgundischen Höfen. Seit dem 15. Jahrhundert überschritt er die Grenzen Frankreichs. Im 17. Jahrhundert hatte er sich in Deutschland durchgesetzt. Am Hofe König Ludwigs XIV. erhielt er als »bal paré« (geschmückter Ball) seine höchste Ausformung und war durch ein strenges Zeremoniell gekennzeichnet.

Nach und nach wurden die strengen Sitten lockerer. Im Zug der Französischen Revolution wurde die Ball-Etikette mehr und mehr vereinfacht, und im 19. Jahrhundert wurden die Bälle überall, nicht nur in Frankreich, sondern eben auch in Deutschland, Mittelpunkt der meist winterlichen Festlichkeiten.

Heute gibt es Bälle in Form großer öffentlicher Veranstaltungen, etwa den Opernball, den Presseball oder den Ball des Sports, und in Form von Veranstaltungen geschlossener Gesellschaften. Und dazu gehört letztlich auch der Tanzstunden- oder Abschlussball.

Der Schriftsteller und Musiker Christian Schubart (1739-1791) nannte den Walzer einen »skandalösen und dem deutschen Ernst zur Schande gereichenden Tanz«. Das aber hinderte die Prinzessinnen von Mecklenburg, die spätere preußische König Luise und ihre Schwester, nicht daran, auf einem Hofball am 24. Dezember 1794 im Berliner Schloss als erste den Walzer zu wagen. König Friedrich Wilhelm II. war entzückt, die Königin jedoch wandte die Augen ab.

Zur Zeit des Wiener Kongresses hatte der Wiener Walzer alle Ballsäle erobert. Eine rauschende Ballnacht folgte der anderen, und es hieß nicht ohne Spott: »Der Kongress tanzt, aber er schreitet nicht voran.« Und im Jahre 1819 komponierte Carl Maria von Weber mit der »Aufforderung zum Tanz« einen der ersten großen Konzertwalzer.

Und was war in Bremen?

Die Bremer Jungen tanzten ohne Grazie

Wir wollen uns einmal ein bisschen umsehen, um nach Spuren des Gesellschaftstanzes in Bremen zu suchen.

Unter dem Einfluss der Engländer spielte so um das Jahr 1800 herum das Clubleben für die Oberschicht in Bremen eine wichtige Rolle. Einer der angesehensten Clubs, der sich »Die Erholung« nannte, wurde 1803 gegründet und unterhielt ein großes Haus am Ansgariikirchhof. In ihm gab es ein Lesezimmer, ein Kasino und einen Tanzsaal. Dort war man unter sich, fühlte sich ungestört, und es ist durchaus möglich, dass man auch Tanzmeister engagierte, die die Clubmitglieder unterrichteten.

Es ist anzunehmen, dass auch das gemeine Volk in Bremen getanzt hat, auch wenn es ihm nicht immer nach Tanzen zumute war – doch Tanzen lässt Sorgen vergessen.

Dr. Philipp Heineken, ein Arzt von Haus aus, schrieb im Jahre 1830 über die Bremer: »In der Bekleidung zeichnet sich der Bremer wiederum im Allgemeinen durch Reinlichkeit und Zweckmäßigkeit aus. Die oft sehr rasch wechselnde Temperatur der Witterung macht es, dass er nie vom Morgen auf den Mittag oder Abend rechnen kann, und dass er stets auf die Launen des Wetters, selbst im hohen Sommer, gefasst sein muss; sie lehrt einen jeden der Bewohner gegen solche Wechselfälle gerüstet zu sein. Fast allgemein ist es deshalb auch als Notwendigkeit erkannt, durch Tragen von wollenen Stoffen, wie Flanell, unmittelbar auf der Haut, die Funktionen der selben vor Störungen möglichst zu bewahren, und nur wenige Individuen gibt es, welche ungestraft diese Vorsichtsmaßregel entbehren zu können, oder doch nicht in späteren Jahren durch Brust- oder Unterleibsbeschwerden, oder rheumatische oder gichtige Übel gezwungen werden, sich ihr zu unterwerfen.«

Heineken führte aus: »Wenig gebräuchlich sind die Beinkleider bei den Frauen. Meistens ist es der Arzt, der ihnen die Unterhose verordnet. Andererseits gibt es nur wenige große Städte, wo Busen, Nacken und Arme so wenig entblößt sich zeigen, wie in Bremen. Und auch das Einschnüren wird in Bremen sehr vorsichtig praktiziert. Auch werden wollene Unterkleider nicht der Mode geopfert. Die Herren halten sich an die englische Mode, jedoch ohne Übertreibungen.«

Und dann kommt der Doktor auf das Tanzen zu sprechen.

»An öffentlichen Orten, wo jeder Zutritt hat, tanzt nur der Pöbel, denn selbst der Mittelstand genießt dieses Vergnügen nur in geschlossenen Kreisen, und macht vielleicht nur einzeln in den Sommertagen auf dem Lande hiervon eine Ausnahme, in den höheren Klassen sind es immer nur auf Subscription unternommene Bälle, oder Parthien, welche von Privaten gegeben werden, wo getanzt wird. Bei ihnen ist der alleinige Zweck das Tanzen, und es wird dann viel getanzt, vor-

Die »Erholung« am Ansgariikirchhof in Bremen – hier fanden üppige Bälle, Konzerte und Tanzvergnügen statt

Ballfest des Künstlervereins 1861 im Stadttheater am Wall

zugsweise gewalzt, jedoch nur von einigen Individuen leidenschaftlich, von den Meisten, nämlich von der männlichen Jugend, ohne große Energie und Freudigkeit, und selbst in der Regel auch ohne besondere Grazie. Nur dann wird getanzt, wenn des Zusammentreffens eigentlicher und einziger Zweck der Tanz ist, nicht aber, wie so oft in Oberdeutschland, um eine oder ein paar Stunden in der Gesellschaft durch ihn fröhlich auszufüllen. Maskierte Bälle an öffentlichen Orten sind polizeilich untersagt, und wo man mit ihnen in Privathäusern den Versuch gemacht hat, haben sie wegen der wenigen Beweglichkeit und Gewandtheit der Bremer nur wenig Anklang gefunden.«

In Deutschland tanzte man den »Rutscher«, und der General von Moltke staunte

In Deutschland tanzte man den Galopp, der auch »Preußischer« oder »Rutscher« genannt wurde. Später hat er in Paris den CanCan beeinflusst.

1822 wurde in Berlin der erste große Tanzbetrieb mit dem Namen »Wiener Saal« eröffnet. 1835 wurde Johann Strauß der Ältere, der »Walzerkönig«, Kaiserlicher Hofballdirektor in Wien.

Der preußische General Helmuth von Moltke wunderte sich bei einem Besuch in England, wo er zu seinem Leidwesen an einem Hofball teilnehmen musste, dass Königin Victoria, Mutter von sechs Kindern, keinen Tanz ausließ. Moltke zählte allein acht Polkas.

Doch nach dem Tode von Prinzgemahl Albert von England wurde alles anders. Nicht nur, dass Victoria nur noch Schwarz trug und vom Tanzen nichts mehr wissen wollte. Tanzen galt in der englischen Gesellschaft fortan als unfein. Das änderte sich erst im 20. Jahrhundert. Gleichzeitig zählte man in Paris 400 Tanzlokale.

Von Wien aus kam der Schieber nach Deutschland – noch nach dem Zweiten Weltkrieg ein beliebter Tanz für Leute, die keine Tanzschule besucht hatten. Und mit diesem Schieber wenden wir uns wieder der Tanzlehrerin Emmy Schipfer zu, ohne dass wir ihr damit nahe treten wollen.

Im Gegenteil!

Das Jahr 1906

Österreich-Ungarn sperrte seine Grenzen und eröffnete damit einen Handelskrieg gegen Serbien, der als »Schweinekrieg« in die Geschichte einging. Die Marokko-Krise wurde zu Gunsten Frankreichs beigelegt, wobei Frankreich und England gemeinsame Sache machten. In Moskau gab es bei einem Generalstreik blutige Straßenschlachten. Es sah nach einer Revolution aus, die jedoch niedergeworfen wurde.

In Bremen schuf Parkdirektor Carl Ohrt jenseits der Hamburger Bahn den Stadtwald, der von Franz Schütte gestiftet worden war.

Oscar Bie brachte das Buch »Der Tanz« auf den Markt, worin er den Salontanz als »auf den Hund« gekommen bezeichnete. Gleichzeitig gab es die ersten »Tanztees«.

Die Frauen befreiten sich vom Korsett und trugen Hemdkleider. Die Mode wurde legerer. Das Korsett allerdings war zunächst nicht auszurotten, erst der Zweite Weltkrieg machte ihm endgültig den Garaus. Der Hosenrock hatte bereits im Jahre 1905 auf den Straßen für erhebliches Aufsehen gesorgt. Aber – um es gleich zu sagen – vom Hosenrock war man zum Beispiel in Salzwedel sehr weit entfernt. Dafür aber gab es inzwischen zwei Tanzschulen, was für einen Ort wie Salzwedel beachtlich war.

Im Februar 1906 erschien im Salzwedeler Wochenblatt die Anzeige: »Tanz-Unterricht. Meine Kurse beginnen gleich nach Ostern, Auf mehrfachen Wunsch werde ich auch einen Kursus für kl. Gymnasiasten eröffnen und bitte die geehrten Herrschaften, sowie Freunde, Bekannte und Gönner ihre geschätzten Anmeldungen baldigst in meinem Hause oder bei dem Schuldiener Herr Schulz machen zu wollen. Hochachtungsvoll Ed. Hennings, Ballettmeister.«

Wir kennen Herrn Hennings schon als Nachbarn der Schipfers, und nun erfahren wir auch noch, dass er im Jahre 1906 seine Silberhochzeit gefeiert hatte, was immerhin bemerkenswert war. Für ihn. Nicht unbedingt für uns.

Aber Hennings war – wie wir gelesen haben – nicht der einzige Tanzlehrer in Salzwedel, obwohl er der einzige war, der in Salzwedel lebte. Mehrfach bietet im Jahre 1906 der Magdeburger Ballettmeister a.D. Gust. Walther eine Dienste an.

In einer Annonce schreibt er: »Hochgeehrte Herrschaften! Nach Ostern beginnen unsere Tanzlehrkurse wieder, worauf ergebenst aufmerk-

Emmy Schipfer, 1906

sam machen. Hochachtungsvoll Gust. Walther und Frau, Ballettmeister a.D. aus Magdeburg.«

Man darf davon ausgehen, dass das Wörtchen »wieder« in der von ihm aufgegebenen Zeitungsanzeige ein Hinweis darauf ist, dass Herr Walther und seine Frau nicht zum ersten Male in Salzwedel als Tanzlehrer gastierten.

Tatsächlich war Herr Walther in Salzwedel kein Unbekannter. Im Übrigen war er auch mit den über den normalen Gesellschaftstanz hinausgehenden historischen Tänzen vertraut. Das jedenfalls zeigt ein Artikel im Wochenblatt. Darin heißt es am 29. Januar 1906: »Im Hotel Westendorff begannen gestern unter Leitung des Herrn Ballettmeisters Walther aus Magdeburg die Übungen für die beiden Tänze, die bei dem am 10. Februar stattfindenden Kostümfest des Radfahrervereins von 1885 aufgeführt werden sollen. Der 1. Tanz bildet eine alte Ekossaise aus der Biedermeier-Zeit. Die Musik hierzu ist dem Staats-Archiv entnommen. Eingeleitet wird der Tanz als Hochzeitszug ohne Brautpaar, und schließt mit einem alten Fackeltanz ab. Der 2. Tanz ist eine alte Francaise, zu der die Musik von dem damaligen Komponisten Ditters von Dittersdorf komponiert wurde.«

Die Ekossaise, richtiger Ecossaise, war ein Gesellschaftstanz in kurzen Touren, von einer ziemlich lebhaften Musik im 2/4-Takt begleitet. Sie geht auf einen schottischen, nur für den Dudelsack bestimmten ernsten Nationaltanz zurück und wurde im 17. Jahrhundert von französischen Ballettmeistern für das Theater umgestaltet. In Deutschland eröffnete sie früher meist die Bälle.

In ihrer ehemaligen Form, als die Ecossaise mit über der Brust gekreuzten Armen getanzt wurde und aus lebhaften Bewegungen bestand, erinnert sie mehr an ihren schottischen Ursprung, während sie in ihrer modernen Form zu den Kontertänzen (Contredanse) zählte. Mit dem Menuett und dem deutschen Tanz gehörte der Kontertanz zu den wichtigsten Tanzformen der Wiener Klassik. Der Ecossaise Walzer, ein Hopswalzer, der im Allgemeinen der »Schottische« genannt wurde, bestand aus mehreren Teilen. Es war eine Art Walzer im Zweivierteltakt, der in Deutschland sehr beliebt war, aber schon im Jahre 1906 zu den historischen Tänzen zählte.

Und mit der Zeitungsmeldung über das Kostümfest des Radfahrervereins von 1885 nähern wir uns dem Leben der damals 19 Jahre alten Emma Schipfer, die im Jahre 1906 ihr Leben fest in ihre Hände nahm und beschloss, sich beruflich dem Tanz zu widmen.

Dieser Entschluss kam nicht von ungefähr. Emma Schipfer hatte sich in der Salzwedeler Gesellschaft bereits einen Namen als Arrangeurin von Kostümtänzen bei Wohltätigkeits- und Vereinsfesten gemacht.

In dieser Zeit muss es gewesen sein, dass sie nach Berlin fuhr, um sich dort bei den Ballett- und Tanzlehrern Paul Mürich und Zorn ausbilden zu lassen. Ein Tanzlehrer Paul Mürich war im Jahre 1929 Vorsitzender und Direktor der Hochschule in Berlin.

Das Vorbild: Isadora Duncan

Ihre größten tänzerischen Eindrücke sammelte Emma Schipfer bei der Amerikanerin Isadora Duncan, die im Jahre 1877 in San Francisco geboren wurde und 1927 in Nizza starb. Sie war eine wichtige Person im Leben der Emma Schipfer und lenkte es in eine ganz neue Richtung.

Isadora Duncan war um die Jahrhundertwende nach Europa gekommen. 1904 gründete sie in Berlin ihre Schule, die sie zusammen mit ihrer Schwester leitete. Sie tanzte barfuß in einer priesterlichen antiken Tunika und ihre Devise lautete: zurück zur Natur. Es war eine Devise, die das moderne Ballett, den Jazztanz und den Ausdruckstanz (»German Dance«) beeinflusst hat.

In Fachkreisen war sie umstritten. Der Tanzhistoriker Max von Boehn urteilte: »Als Künst-

25 Mark zahlte Emmy Schipfer am 30. Dezember 1907 laut dieser Quittung für eine Privatstunde in der Tanzschule Isadora und Elizabeth Duncan am Nollendorfplatz Nr. 3 in Berlin

Töchter einer bekannten Bremer Bürgerfamilie bei privaten Tanzgymnastikkursen, welche die Frau eines Bremer Orthopäden durchführte

lerin hat Isadora Duncan versagt. Sie verblüffte, weil das, was sie tat, neu war, nicht weil es gefiel. ... Sie hopste auf der Bühne herum mit Arm- und Handbewegungen, als finge sie Fliegen.«

Doch Max von Boehn lässt seiner Kritik Worte der Versöhnung folgen: »Was sie als Tänzerin schuldig blieb, hat sie als große Anregerin gut gemacht.«

Und Johannes Scherr schreibt in seinem Buch »Deutsche Kultur- und Sittengeschichte« im Jahre 1927 mit deutlicher Distanz: »Dann aber trat etwas in unser Tanzleben, das in deutschen Landen bisher unerhört, mit großem Jubel aufgenommen wurde. Es war die Mode der ›Halb‹-Nackttänze, die Mode der höschenlosen und ›ausrasierten‹ Tänzerinnen. Zunächst begnügte man sich allerdings mit dem ›Barfuß‹-Tanz.

Die Prophetinnen dieser Neuerung waren die aus Amerika stammende Isadora Duncan und die Deutsche Olga Desmond. Man nannte sie, nach den von ihnen exekutierten Tänzen: Barfußtänzerinnen. Zum öffentlich dargebotenen Ganznackttanz hatte man noch nicht den Mut.«

Doch bei aller Fachkritik: In Wien, Budapest und München begeisterte Isadora Duncan ihr Publikum. Die von ihr verwendeten Schlüsselwörter wie »natürlich«, »ursprünglich« oder »ungezwungen« fielen auf fruchtbaren Boden.

Und wie die Schauspielerin Sarah Bernhardt gehörte Isadora Duncan zu den »Göttinnen« der Gesellschaft. Doch nicht nur bei ihrem Publikum, sondern auch in Berlin bei ihren Schülerinnen und Schülern, die sie zusammen mit ihrer Schwester Elisabeth ausbildete, fand sie großen Zuspruch. Und wer Emmy Schipfer verstehen will, als Mensch und als Tanzpädagogin, der kommt an Isadora Duncan nicht vorbei.

Zurückgekehrt nach Salzwedel stellte sich die junge Emma Schipfer als graziöse Solo-Tänzerin vor und war in kurzer Zeit in weiten Kreisen bestens bekannt.

Und eben zu jener Zeit, im Jahre 1906, beschloss sie, wie es in einem Zeitungsbericht heißt, »in nächster Zeit öffentliche Curse im Tanzunterricht, verbunden mit ästhetischer Gymnastik, zu veranstalten und auch das Einstudieren von National- und Charaktertänzen etc. zu übernehmen«.

Emmy Schipfer hat später das Jahr 1906 stets als das Jahr ihres Berufsanfangs bezeichnet, in dem für sie die Geschichte der Tanzschule Schipfer-Hausa begann. 1907 nahm sie dann den Betrieb auf – und darum wollen wir am Jahr 1907 auch nicht achtlos vorbei gehen.

Das Jahr 1907

Im Salzwedeler Wochenblatt vom 22. Februar 1907 erschien folgende Annonce: »Auf meine 6-wöchentlichen Tanzkurse für Kinder und Erwachsene, verbunden mit ästhetischer Gymnastik und Bewegungsunterricht erlaube ich mir, dass geehrte Publikum von Salzwedel und Umgebung ganz ergebenst aufmerksam zu machen. Gleichzeitig empfehle ich mich zum Einstudieren von Tanzpantomimen, National- und Charaktertänzen für öffentliche und private Zwecke. Anmeldungen erbitte bis spätestens 20. März. Ergebenst Emma Schipfer.«

Das war sozusagen die Taufe der im Jahre 1906 geborenen Tanzschule Schipfer-Hausa, wobei der Name Hausa noch ein bissen warten musste, denn Inge Hausa, die spätere Partnerin der Emmy Schipfer, wurde eben in diesem Jahr 1907 erst geboren. Und während Emma Schipfer um Schüler warb, waren auch Gustav Walther und seine Frau nicht faul. Sie wandten sich an das hochgeehrte Publikum, um »ergebenst« auf ihre Tanzlehrkurse aufmerksam zu machen.

Aber irgendwie war Salzwedel wohl für diese beiden Tanzschulen zu klein, zumal auch noch der bestens bekannte Herr Hennings von Tanzkursen leben wollte. Es dauerte also gar nicht lange, da setzten sich das Ehepaar Walther und Fräulein Schipfer zu Gesprächen zusammen.

Das Ergebnis dieser Unterredungen drückte sich in einer Anzeige im Salzwedeler Wochenblatt vom 14. März 1907 aus: »Den hochgeehrten Herrschaften hiermit die ganz ergebene Mitteilung, dass zwischen meiner Frau und Fräulein Emma Schipfer eine Vereinigung stattgefunden hat. Gefl. Anmeldungen zu dem am 11. April in der »Union« beginnen Tanzlehrkursus bitte bei Frl. Schipfer (von 3–5 Uhr nachmittags, evt. Frau Blum, Südbockhorn 65) geben zu wollen. Hochachtungsvoll Gust. Walther, Ballettmeister a.D.

Auch für die Schüler der Bürgerschulen werden von Frl. Schipfer und Frau Walther Kurse eingerichtet. Gefl. Anmeldungen bei den Vorstehenden.«

Dass die »Vereinigung« mit Frau Walther besonders glücklich war, wagen wir zu bezweifeln, denn bereits zu Beginn der gemeinsamen Arbeit lernte Emma Schipfer, wie man eine Tanzschule ganz bestimmt nicht führen sollte, wenn man in der Zukunft Erfolg haben wollte.

Die junge Emma Schipfer wurde obendrein von Frau Walther sozusagen »über den Tisch gezogen«. Denn nachdem sich alle Schüler und Schülerinnen angemeldet und ordnungsgemäß bezahlt hatten, gingen die Walthers – und wer soll es sonst gewesen sein – mit dem Geld sozusagen »über den Harz«. Sie waren jedenfalls nicht mehr da, und das Geld auch nicht. Emma Schipfer hat die Kurse daraufhin ohne mit der Wimper zu zucken und voller Energie durchgezogen und im Anschluss neue angesetzt.

Ob die Geschichte in dieser Lesart stimmt, ist unbekannt. Wir wollen auch dem Ehepaar Walther um Gottes Willen nicht unrecht tun.

Die Annonce vom 14. März 1907 über die »Vereinigung« der Tanzlehrerinnen Schipfer und Walther

> Den hochgeehrten Herrschaften hiermit die ganz ergebene Mitteilung, dass zwischen meiner Frau und Fräulein Emma Schipfer eine Vereinigung stattgefunden hat.
>
> Gefl. Anmeldungen zu dem am 11. April in der „Union" beginnenden
>
> **Tanzlehrkursus**
>
> bitte bei Frl. Schipfer (von 3–5 Uhr nachmittags, evtl. Frau Blum, Südbockhorn 65, geben zu wollen.
>
> Hochachtungsvoll
>
> **Gust. Walther, Ballettmeister a. D.**
>
> Auch für die Schüler der Bürgerschulen werden von Frl. Schipfer und Frau Walther Kurse eingerichtet. Gefl. Anmeldungen bei den Vorstehenden.

Tanzkarte vom 19. Januar 1907: die Herren trugen sich hier für den jeweiligen Tanz auf den Tanzkarten der Damen ein

Vielleicht war alles nur ein Missverständnis. Vielleicht war es eben doch eine Gaunerei. Möglich ist alles, und immerhin wissen wir, dass die Verbindung zwischen Emma Schipfer und Frau Walther von einem Tag zum anderen abgebrochen war.

Für Emma Schipfer begann nun eine arbeitsreiche, aber auch eine erfolgreiche Zeit. Im Stadtarchiv in Salzwedel bewahrt man einen Brief von Joachim Neukranz, der einer Salzwedeler Fabrikantenfamilie angehörte und der im Jahre 1998 kurz vor seinem 100. Geburtstag in Brasilien gestorben ist.

Er schrieb im Jahre 1976 in einem Aufsatz über »Salzwedel zu Kaisers Zeiten«: »... das nächste Haus gehörte den Eltern von Fräulein Schipfer, einer Tanzlehrerin, bei welcher die Gymnasiasten und höheren Töchter im Alter von 13 bis 16 Jahren Tanzunterricht nehmen konnten. Die Tanzstunden fanden in den Sommermonaten statt, man lernte bei ihr Walzer, Polka, Rheinländer, Menuett, Contre und Quadrille ...«.

Außerdem gibt es noch einen Brief von dem Justizrat Heinrich Breese, Rechtsanwalt und Notar in Salzwedel, vom 7. September 1907, der im Archiv der Tanzschule Schipfer-Hausa aufbewahrt wird. Der Brief ist an die Tanzlehrerin Fräulein Emmy Schipfer, Magdeburg, gerichtet: »Sehr geehrtes Fräulein! Auf Ihren meiner Tochter Clara gegenüber ausgesprochenen Wunsch bestätige ich Ihnen mit Vergnügen, dass Sie bei dem von Ihnen gegebenen Tanzunterricht und der Einstudierung größerer Tanzaufführungen bei besonderen Gelegenheiten wie Hochzeit- und anderen Festen sich Ihrer Aufgabe mit besonderem Geschick und bestem Erfolg entledigt und den uneingeschränkten Beifall der Eltern Ihrer Schüler wie sonst beteiligten Publikums gefunden haben. Hochachtungsvoll Ihr ergebener H. Breese, Justizrat.«

Der Brief gibt uns Auskunft darüber, dass Fräulein Schipfer, die sich inzwischen Emmy nannte, durchaus nicht den dringenden Wunsch hatte, ihr Leben in Salzwedel zu verbringen. Sie wollte raus. Nicht, weil sie Salzwedel nicht leiden mochte. Sie sah in einer größeren Stadt für sich mehr Möglichkeiten.

Und ihre Bemühungen, sich in Magdeburg niederzulassen, beginnen – wie wir dem Brief von Herrn Breese entnehmen – bereits im Jahre 1907.

Wenn man sich an die Aufzeichnungen der Tanzschule Schipfer-Hausa hält, so ist Emmy Schipfer von 1906 bis 1908 in Salzwedel als Tanzlehrerin tätig gewesen.

Bemerkenswerter Weise hat aber Emmy Schipfer im Salzwedeler Wochenblatt noch am 8. April 1914 inseriert: »Von Mittwoch, den 8. bis 11. April bin ich für Auskunft u. Anmeldung zur Tanzstunde persönlich zu sprechen von 11–3 Uhr in der Union, Gr. Stegel. Emmy Schipfer«.

Im Jahre 1914 hatte sie sich aber schon, nachdem sie vier Jahre in Magdeburg gelehrt hatte, in Quedlinburg etabliert. Es scheint jedoch, dass sie von Salzwedel nicht ganz losgekommen ist, denn sie pflegte hier noch immer geschäftliche Beziehungen. Außerdem wohnten hier ihre »Stief«-Verwandten.

Möglicherweise hat sie von Quedlinburg aus eine kleine Wandertanzschule unterhalten, was ja nichts Ungewöhnliches ist. Man braucht nur an die Tanzfamilie Beuss aus Oldenburg im Oldenburgischen zu denken, die in den Jahren nach dem Zweiten Weltkrieg nicht nur »über die Dör-

Die Union in Salzwedel

Tango im Detail: ausgefallene Schritte und ausgefallene Mode

fer« gezogen ist, sondern auch in Bremerhaven eine Dependance unterhielt.

Und auch die in Bremen bestens bekannte Gertrud Ehlers, die ihre ersten Schritte als Tanzlehrerin in der Tanzschule Schipfer-Hausa gemacht hat, gab nach dem Zweiten Weltkrieg im Bürgerhaus in Bremerhaven Unterricht, wobei sie sich meistens von einem jungen Fräulein Fischer vertreten ließ, das von den jungen Schülern angehimmelt wurde.

Doch zurück in das Jahr 1907.

Das Jahr fiel für den Gesellschaftstanz in eine glückliche Zeit. Der Tanz nahm in den Vergnügungsprogrammen einen immer breiter werdenden Raum ein – privat wie auch öffentlich – u.a. traten die Ziegfeld Follies zum ersten Male auf.

Die Musikbegleitung wurde vollendeter, die Tanzlokale wurden besser ausgestattet. Es gab Kleidervorschriften, und es gab neue Tänze. Dazu gehörte zum Beispiel der Cake-Walk. Es war ursprünglich ein pantomimischer Tanz der Schwarzen in Nordamerika, er wurde zum Preistanz (Kuchentanz), eroberte die Bühnen und am Ende die Gesellschaft.

Und dann kam einer der großen Tänze des 20. Jahrhunderts nach Europa: der Tango. Und wie das so ist, die Gemüter waren sofort gespalten – die einen waren begeistert, die anderen entsetzt.

Der Tango entwickelte sich zunächst zu einem Tanz für die Snobs.

Während in Nizza bereits 1907 das erste Tango-Turnier stattfand, begann der Siegeszug des Tango in Deutschland erst kurz vor dem Ausbruch des Ersten Weltkrieges.

Es gab sogar eine spezielle Tangomode, dabei handelte es sich um einen engen Rock, eine golddurchwirkte Tunika und einen exzentrischen Turban, dessen Reiherfeder rhythmisch im Takt mitwippte.

Kaiser Wilhelm II. spielte mal wieder den Moralapostel. Er zeigte sich entsetzt über den Tango und verbot allen seinen Offizieren, diesen »unanständigen Tanz« zu tanzen. Ob sich alle Offiziere daran gehalten haben – diese Frage wollen wir mal auf sich beruhen lassen.

Heute brauchen wir über ihn nicht mehr zu reden – der Tango gehört in abgewandelter Form zu den Standardgesellschaftstänzen und in zahlreichen Tanzschulen und Salons erfreut sich der Tango Argentino großer Beliebtheit.

Tango-Salon in Paris, 1907

Extravagante Tango-Mode: Turban mit Feder, das Kleid mit hochgezogener Taille und einem Schlitz im Rock für die bessere Beinfreiheit

45

Magdeburg

Entschuldigen Sie bitte, wenn dieses Kapitel mit einer Geschichte beginnt, die genau genommen mit der Tanzschule Schipfer-Hausa nicht das Geringste zu tun hat. Dennoch: Ein bisschen schon, wenn auch nur über einen riesengroßen historischen Umweg.

Die Geschichte, um die es geht, beginnt bei Kaiser Maximilian I. (1459–1519), der allgemein als der »letzte Ritter« bezeichnet wurde. Maximilian teilte das Heilige Römische Reich deutscher Nation auf dem Reichstag zu Worms im Jahre 1495 in sechs Kreise auf. Später wurden es zehn Kreise. Und einer dieser Kreise des Reiches trug den Namen Niedersachsen.

Der Kreis Niedersachsen – und nun folgt eine lange Aufzählung – umfasste das Herzogtum Magdeburg, die meisten Länder des Kurhauses Braunschweig-Lüneburg, zu dem auch das Herzogtum Bremen zählte, das Fürstentum Wolfenbüttel, das Fürstentum Halberstadt, die Herzogtümer Mecklenburg-Schwerin und Mecklenburg-Güstrow, das Herzogtum Holstein nebst der Landdrostei Pinneberg und der Stadt Altona, das Bistum Hildesheim, das Herzogtum Sachsen-Lauenburg, das Hochstift Lübeck, das Fürstentum Schwerin, das Fürstentum Ratzeburg, das Fürstentum Blankenburg, die Grafschaft Rantzau sowie die Städte Lübeck, Goslar, Mühlhausen, Nordhausen, Hamburg und Bremen.

Wenn man so etwas mehrfach hintereinander liest, kann man ganz tüddelig werden.

Auf den Kreistagen, die abwechselnd in Braunschweig oder Lüneburg stattfanden, präsidierten ebenfalls abwechselnd zwei Städte: Magdeburg und Bremen. Das waren also, wenn man so will, die Hauptstädte Niedersachsens.

Und jetzt wissen Sie auch, warum wir diese etwas umständliche Geschichte in Verbindung mit der Tanzschule Schipfer-Hausa gesetzt haben, denn Magdeburg und Bremen sind zwei Meilensteine in der Geschichte dieser Tanzschule.

Der Kreis Niedersachsen wurde – wie auch alle anderen Reichskreise – im Jahre 1806 mit dem Ende des Heiligen Römischen Reiches deutscher Nation aufgelöst. Die Tanzschule Schipfer-Hausa, deren Geschichte genau hundert Jahre später begann, gibt es nach wie vor.

Doch nun zu Magdeburg.

Magdeburg, als Handelsplatz erstmals im Jahre 805 genannt, war Hansestadt und wurde 1631, während des Dreißigjährigen Krieges, von den Soldaten des kaiserlichen Feldmarschalls Tilly erobert, geplündert und verbrannt. Es blieben stehen der Dom, das Kloster Unser Lieben Frauen und etwa 130 kleinere Häuser.

Dieses Ereignis wurde von den Magdeburgern noch zu Beginn des Zweiten Weltkriegs als besondere Schandtat immer wieder kommentiert. Dann allerdings erfolgte in den Bombennächten die zweite gründliche Zerstörung der Stadt. Und da hatten die Magdeburger einen neuen Gesprächsstoff. An der Schandtat aus

Grand Bal – Tanzveranstaltung 1908

dem Jahre 1631 hatte sich allerdings nichts geändert.

Zu Beginn des 20. Jahrhunderts hatte die Stadt Magdeburg 210.000 Einwohner. Sie war die Hauptstadt der preußischen Provinz Sachsen und immer noch ein wichtiger Handelsplatz. Der Handel erstreckte sich vor allem auf Zucker. Magdeburg war außerdem vor dem Ersten Weltkrieg eine »Festung ersten Ranges«.

Im Jahre 1908 erwarb die Stadt das Industriegelände zwischen der Neustadt und Rothensee. Das Dorf Rothensee wurde eingemeindet, und die Bauarbeiten am Verschiebebahnhof begannen.

Der Flugpionier Hans Grade (1879–1946) hatte 1905 in Magdeburg ein Motorenwerk gegründet, in dem er Flugzeuge baute. 1908 gelang ihm als ersten Deutschen ein Flug mit einem selbstgebauten Motorflugzeug. Es war ein Dreidecker mit einem 36-PS-Motor.

Emmy Schipfers Schule für »Bewegungsschönheit und Tanz«

Schule für »Bewegungsschönheit und Tanz«

Die Tanzlehrerin Emmy Schipfer eröffnete im Jahre 1908 eine Schule für »Bewegungsschönheit und Tanz« – sie war mit ihrer Tanzschule von Salzwedel nach Magdeburg umgezogen.

Damals hatte sich in der Mode der gerade und enge Rock anstelle des üblichen Glockenrockes durchgesetzt, und die mit Rüschen besetzten Unterröcke verschwanden in der Rumpelkammer der Mode. Der enge Rock, der sich auch in den Kleidern wieder fand, kam der Forderung der Frauenrechtlerinnen nach einer nüchternen, sachlichen Kleidung entgegen. Pariser Modeschöpfer versuchten die Damen mit dem schrecklichen Humpelrock zu ärgern. Der Saum des Rockes war so eng, dass die Frauen nur noch tippeln konnten. Und um zu verhindern, dass sie zu große Schritte machten und den Rock zerrissen, legten sich manche Damen Fußfesseln an. Aber wissen wir schon lange, dass die Mode manchmal verrückt spielt.

Der Humpelrock hatte kein langes Leben. Anders war es mit dem Hosenrock, der ganz langsam gesellschaftsfähig wurde – aber nicht auf den Seiten der deutschen Modezeitschriften. Die dort tätigen Redakteurinnen lehnten den Hosenrock ab und ignorierten ihn.

Im Jahre 1908 begann man in den vornehmen deutschen Badeorten, wo man sehr auf den guten Ton achtete, die neuen Tänze (wie den Tango) vorsichtig auszuprobieren. Es waren im Übrigen Tänze, die in den europäischen Hauptstädten längst gepflegt wurden.

Ein Jahr später, 1909, wurde in Paris die erste »Tanzweltmeisterschaft« veranstaltet. Getanzt wurden Boston, Turkey Trot, One-Step und Tango. Der Boston war ein langsamer amerikanischer Walzer, der One-Step ein Vorläufer des Slow Foxtrotts.

Im Jahre 1910 wurde in Südfrankreich der Paso Doble entwickelt, die tänzerische Interpretation des Stierkampfes. 1911 gründeten in Berlin Tanzbegeisterte den ersten deutschen Tanzclub. Es war der »Alte Boston Club«. Im Jahre 1924 gab es in Deutschland bereits 30 Boston Clubs.

Aber da sind wir noch lange nicht.

Wir sind nämlich gerade mit Emmy Schipfer nach Magdeburg gezogen und befinden uns im Jahr 1908.

Emmy Schipfer wohnte zunächst in der Hasselbachstraße. Später zog sie in die Augustastraße Nr. 30, Parterre, um. Die Augustastraße, die vom Buckauer Tor zum Dom führte, ist die heutige Hegelstraße. In der Augustastraße Nr. 30 wohnte aber auch, wie wir aus dem Stadtarchiv Magdeburg wissen, Frau Ulla Schipfer, geborene Frank. Für uns etwas überraschend wird Frau Ulla Schipfer im Adressbuch als »Kaufmannswitwe« aufgeführt. Wir können also davon ausgehen, dass sie mit ihrer Ehe und mit ihrem Ehemann gründlich gebrochen hatte. Und in der großen Stadt Magdeburg fiel eine Kaufmannswitwe, die eigentlich gar keine Witwe war, nicht auf.

Der Bruch mit dem noch quicklebendigen Ehemann bezog sich – wie wir sehen – nicht auf dessen Tochter. Man darf davon ausgehen, dass sich die beiden Frauen gut verstanden haben.

Im Magdeburger Adressbuch des Jahres 1909 wird Emmy Schipfer als eine von zehn Tanzlehrerinnen und Tanzlehrern genannt. Und in dieser Zeit muss es gewesen sein, dass sie mit der Familie Hindenburg bekannt wurde.

Hindenburg spricht ein Machtwort

Paul von Hindenburg war am 27. Januar 1903, an Kaisers Geburtstag, Kommandierender General des IV. Armeekorps in Magdeburg geworden. Er galt als tüchtiger Offiziere, der bei den Soldaten beliebt war. Einer seiner Untergebenen, General der Infanterie von Francois, formulierte das so: »Nicht, dass er nachsichtig über Mängel hinweg gegangen wäre. Nein, er schenkte der Truppe nichts und stellte an Offiziere und Mannschaften hohe Anforderungen. Die Art, wie er Kritik übte, war immer sachlich und frei von Schärfe und Sarkasmus, wirkte wohltuend und gewann die Herzen.«

Und doch muss Hindenburg einmal aus der Haut gefahren sein. Das war im Kasino in Altengrabow, das etwa 50 Kilometer von Magdeburg entfernt liegt. Hier nahm er gern an der Frühstücks- und Mittagstafel teil und hielt für gute Witze und Anekdoten stets ein behagliches Lachen bereit. Bei einer dieser Gelegenheiten muss ihm jemand das nicht gerade gute Benehmen junger Offiziere gesteckt haben, die bei einer jungen Tanzlehrerin in den Räumen des Generalkommandos in Magdeburg das Tanzen lernten. Und während die jungen Offiziere mit ihren Damen ihren Spaß mit der etwas hilflosen jungen Tanzlehrerin Emmy Schipfer hatten, öffnete sich die Tür und unerwartet stand Exzellenz von Hindenburg unter ihnen. Bei der Gelegenheit haben ihn die jungen Offiziere zum ersten Male richtig böse gesehen.

Für die Zukunft hatte Emmy Schipfer vor ihren Tanzzöglingen Ruhe. Sie benahmen sich fortan so, wie man sich einer Dame gegenüber zu benehmen hat – nämlich sehr gut.

Hindenburg nahm im Jahre 1911 seinen Abschied von Magdeburg und trat in den Ruhestand. In der Anfangsphase des Ersten Weltkrieges wurde er reaktiviert und Oberbefehlshaber der 8. Armee in Ostpreußen. Nach dem Waffenstillstand im Jahre 1918 leitete er den Rückmarsch des Heeres aus dem Westen nach Deutschland und legte nach Unterzeichnung des Versailler Vertrages sein Kommando nieder. Im Jahre 1925, nach dem Tode des Reichpräsidenten Friedrich Ebert, wurde er zum Reichspräsidenten gewählt, stand aber dem republikanischen Staat und dem parlamentarisch-demokratischen System von Anfang an misstrauisch gegenüber. Am Ende ernannte er – trotz zögerlicher Haltung, doch ohne Kraft, sich seinen Ratgebern zu widersetzen, – Adolf Hitler, den er den »böhmischen Gefreiten« nannte, zum Reichskanzler. Und damit kam die Zeit, da Hindenburg Emmy Schipfer nicht mehr helfen konnte.

Der 70. Geburtstag des Generalfeldmarschalls. Von links nach rechts: Rittmeister von Pentz und Frau von Pentz (Schwiegersohn und Tochter der Hindenburgs), Frau von Hindenburg, der Generalfeldmarschall, Frau von Brockhusen (ebenfalls eine Tochter der Hindenburgs, Gemahlin des Landrats und Rittergutsbesitzers von Brockhusen)

Drei Zeugnisse für Emmy Schipfer

Über die Tanzstunden der Emmy Schipfer im Generalkommando in Magdeburg gibt es drei »Zeugnisse«. Es sind Briefe von Hindenburgs Ehefrau, Gertrud von Hindenburg (1860–1921).

In einem Brief schreibt sie: »Ich bestätige gern, dass Fräulein Schipfer in Magdeburg im General Kommando während unsers Dortseins den jungen Damen und den Herren Offizieren Unterricht in Gavotte, Menuett und anderen Tänzen zu unser Aller – in jeder Beziehung vollsten – Zufriedenheit erteilt hat. Ihre feine, liebenswürdige Art trug wesentlich dazu bei, den Unterricht zu einer Freude für die Lernenden zu gestalten. Gertrud von Hindenburg geb. von Sperling«.

In einem anderen Brief aus Schierke im Harz schreibt sie im Mai 1919: »Mein liebes Fräulein Schipfer! Es ist mir eine Freude gewesen, Ihnen beifolgende Zeilen schreiben zu können und habe es mit dem warmen Wunsche getan: dieselben möchten Ihnen Ihren Vorsatz erleichtern. Was waren es doch damals für schöne, harmlosnaive Zeiten, wie Sie im General Kommando

unserer jüngsten Tochter und deren Freundinnen Unterricht erteilten – und jetzt! Lassen Sie es sich in der neu zu gründenden Heimat recht gut gehen, mein liebes Fräulein Schipfer. Ihre ergebene

Gertrud von Hindenburg«.

Bei der Hindenburg-Tochter handelte es sich um Annemarie von Hindenburg, später von Pentz, geboren am 29. November 1891.

Als dieser Brief Emmy Schipfer erreichte, war sie schon seit sieben Jahren in Quedlinburg. Drei Jahre lagen noch vor ihr. Was mit der »neu zu gründenden Heimat« gemeint ist, wissen wir nicht. Es kann kaum sein, dass Emmy Schipfer schon damals an Bremen gedacht hat, denn obwohl ihr Vater dort lebte, gab es für sie keinen Grund umzusiedeln.

Moment, war nicht von »drei Zeugnissen« die Rede gewesen?

Ja, das dritte »Zeugnis« hat noch heute einen Ehrenplatz im Hause Wulf. Es handelt sich um eine Chinoiserie, eine Vase mit Blumenmuster

Zeugnis für Emmy Schipfer vom Deutschen Luftflottenverein

Ein Zeugnis der besonderen Hochachtung für Emmy Schipfer: die Chinoiserie von Kaiserin Auguste Viktoria – mit kaiserlichem Siegel

aus chinesischem Porzellan. Die junge Emmy Schipfer hat diese Vase von der letzten deutschen Kaiserin Auguste Victoria (1858–1921) geschenkt bekommen als Dank und Anerkennung für ihre Arbeit.

Erinnerungen im Kleinen Saal der Glocke

Als die Tanzlehrerin Emmy Schipfer 50 Jahre in ihrem Beruf tätig war, wurde dieses Jubiläum am 6. Mai 1956 im Kleinen Saal der Glocke zu Bremen gefeiert. Und alle Städte, durch die Emmy Schipfer im Laufe ihres beruflichen Lebens gezogen war, kamen als Gratulanten in einem Spiel vor. Angelika Haunschild hatte die Rolle der Stadt Salzwedel übernommen, Michael Sander spielte Magdeburg, Irmela Hanselmann Quedlinburg, und Barbara Sander war in die Rolle von Bremen geschlüpft.

Da wir uns im Kapitel »Magdeburg« befinden, wollen wir nur die Worte zitieren, die Inge Hausa, die für die Verse antwortlich zeichnete, für den »2. Pagen Michael Sander« über Magdeburg gefunden hat:

»Heil, Emma, edle Schipferin!
Von Magdeburg entsandt ich bin,
Der Stadt mit der großen Geschichte,
Die fern aus der Ottonen Zeit
Schreibt ihre Macht und Herrlichkeit;
Und davon ich berichte:
Die Flüge deiner Phantasie
Begeisterten die Stadt, wie nie
Zuvor es war geschehen:
Der Brand der Stadt und große Not,
Lieb', Leidenschaft, Gebet und Tod,
Das war im Tanz zu sehen.
Man sprach von dir in höchsten Kreisen
Und wollt dir seine Gunst erweisen.
Du wusstest höflich zu parieren;
Menuett, Francaise und Gavotte
Erklärtest du den Offizieren
Und hattest deine liebe Not.
Denn jung zu sein ist gut und schön!
Doch immer kann man nicht bestehn,
So hohe Schüler zu belehren.
Sie schwatzen gern und flirten flott
Und treiben gar ein wenig Spott,
Statt auf Kommandos hinzuhören.
Doch plötzlich kam die Hilfe dann:
Ganz langsam schritt ein großer Mann
Durch hohe, breite Flügeltüren.
Schon damals war er ein Gigant,
Herr Hindenburg, – uns gut bekannt –
Nun konntest du wohl kommandieren!
Kein Lachen mehr und auch kein Lächeln,
Man hörte nichts wie leises Fächeln,
Denn allen wurde merklich schwül.
Den Damen wurde eng das Mieder –
Du aber zähltest auf und nieder
Und lerntest dabei Mut und Stil.

Emmy Schipfer verbrachte die Jahre 1908 bis 1911 in Magdeburg. Doch wie wir von einer ihrer Bremer Schülerinnen, von Frau Christiane Groscurth, erfahren haben, brach der Kontakt zu Magdeburg auch später nicht ab. Sie berichtet: »Als meine Mutter etwa im Jahre 1913 bei Doris Verné in Magdeburg Tanzstunde hatte, war zu jener Zeit Frau Schipfer dort als junge Assistentin tätig.« Frau Verné unterhielt ihre Tanzschule am Breiteweg Nr. 66.

Quedlinburg

Wenn unsere Vermutung richtig ist, können wir davon ausgehen, dass Emmy Schipfer Magdeburg nicht ganz freiwillig verlassen hat. Es können sehr persönliche Gründe gewesen sein. Wahrscheinlich aber waren es vor allem gesundheitliche Probleme, die sie zu einem Ortswechsel bewogen haben. Sie war in frühen Jahren an Tuberkulose erkrankt und hatte auch später Schwierigkeiten, mit dieser Krankheit fertig zu werden. Schließlich suchte sie Heilung ihres Leidens in der gesunden Luft des Harzes und seiner unmittelbaren Umgebung. Und Quedlinburg liegt – wie wir wissen – am Harz.

Jedenfalls führte Emmy Schipfer ihre Tanzschule 1912/13 in der alten Hansestadt Quedlinburg weiter. Sie sollte dort bis zum Jahre 1922 bleiben. Quedlinburg war übrigens die dritte Hansestadt auf dem Weg der Emmy Schipfer nach Bremen. Bremen war die vierte.

1912 fand im Berliner Admiralspalast das erste deutsche Tanzturnier statt. Getanzt wurden One-Step, Boston, der in den Tanzsälen vorübergehend sogar den schnellen Walzer verdrängte, und Tango (trotz Kaiser Wilhelm). Von 87 Paaren erreichten acht das Finale. Sieger wurden der »Salonroutinier« Niki Georgewitsch, Attaché an der serbischen Gesandtschaft, und die Baronin von Tiefenthal. Ihnen folgten der Kunstmaler Robert L. Leonard und die Freiin von Schubert.

Der »Verband der Männervereine zur Bekämpfung der öffentlichen Unsittlichkeit« wandte sich an den Oberpräsidenten des Rheinlandes mit der Bitte, die unanständigen Schiebetänze zu verbieten. Daraufhin mussten überall im Rheinland, mit Ausnahme der Tanzhochburg Düsseldorf, die Wirte an gut lesbarer Stelle polizeilich gestempelte Schilder »in Augenhöhe« anbringen, auf denen zu lesen war, dass das Tanzen der Schiebetänze als Ordnungswidrigkeit geahndet werden konnte, wenn man dabei erwischt wurde.

Bei der Gelegenheit wurde nicht nur das Tanzen der Schiebetänze mit einer Strafe belegt. Auch die »Knick- und Wackeltänze«, das Tanzen zweier Herren miteinander und das »Tanzen linksherum« gerieten ins Visier der Polizei.

Übrigens wurde das Abendkleid, das sich dem engen Rock angepasst hatte, seit dem Jahre 1912 von modemutigen Damen mit einem Seitenschlitz getragen, was allein schon beim Tango vonnöten war. Die Abendkleider bestanden aus kostbarem Material. Außerdem war ein großes Dekolleté erlaubt, im Gegensatz zur Tagesmode, die einen züchtigen Stehkragen forderte.

Die Herrenmode wurde von den englischen Modezaren diktiert. Oberstes Gebot: Zu jeder Gelegenheit passend angezogen zu sein. Getragen wurde vorzugsweise der Einreiher. Die Weste zum Sakkoanzug war kragenlos. Die Hosen, die seit Beginn des Jahrhunderts Bügelfalten hatten, verjüngten sich nach unten und waren knöchellang. Sie wurden allgemein als Hochwasserhosen bezeichnet. Dazu trug man Gamaschen. Die Hosenträger wurden von einem schmalen Ledergürtel abgelöst, der aber nicht aus England kam, sondern aus Amerika. Die Farben des Sakkoanzugs waren dezent, meistens grau in grau.

Politiker und Geschäftsleute bevorzugten als offiziellen Tagesanzug den Gehrock. Der private Repräsentationsanzug war der Cutaway. Bis in die 40er-Jahre war der Smoking der bequeme und legere Abendanzug – später wurde er zum offizi-

Tango tanzen verboten!

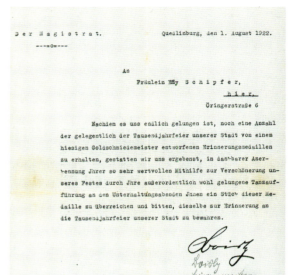

Zwei Dankschreiben an Emmy Schipfer für geleistete Dienste.
Rechts: Feldpost des Leutienant von Krafft
Links: Ein Schreiben des Magistrats der Stadt Quedlinburg

ellen Abendanzug befördert. Der eleganteste Anzug des Herrn war und ist der Frack, der schon vor dem Ersten Weltkrieg die großen Bälle und Diners beherrschte.

Der Erste Weltkrieg brachte allerdings einschneidende Veränderungen – auch im Bereich der Mode (»je länger der Krieg, desto kürzer die Röcke«) und des Tanzes.

Wie weit Veränderungen auf dem Gebiet des Tanzes bis nach Quedlinburg durchgedrungen sind, entzieht sich unserer Kenntnis. Aber die Welt der Emmy Schipfer bestand nicht nur aus Quedlinburg. Wir wissen, dass sie zwischendurch unter anderem auch in Magdeburg und in Salzwedel arbeitete. Bezeichnend ist aber auch ein Feldpostbrief eines Offiziers an Emmy Schipfer vom 7. August 1914 folgenden Inhaltes:

»Hochverehrtes gnädiges Fräulein! Seine königliche Hoheit, der Kronprinz von Bayern, haben mich beauftragt, Ihnen für Ihn in herzlichen Worten bekundete, verständnisvolle Mühungen höchstseinen wärmsten Dank zu übermitteln. Indem ich diesem höchsten Auftrag entspreche bin ich Euer Hochwohlgeborener angenehmster Leutienant von Krafft«

In welchem Ort der Kronprinz von Bayern – sozusagen – in den Armen des Fräulein Emmy Schipfer gelegen und höchstselbst das Tanzen gelernt hat, lässt sich nicht mehr rekonstruieren: Auf Feldpostbriefen gab es keine Absender – aus Gründen der Geheimhaltung.

Doch Emmy Schipfer muss in ihrer Quedlinburger Zeit häufig auf Reisen gewesen sein. So liegt zum Beispiel ein Brief des Deutschen Luftflotten-Vereins, Haupt-Geschäftsstelle Berlin, vom 6. August 1915 vor: »Fräulein Emmy Schipfer, Friedrichsbrunn/Harz, Sanatorium Strokorb. Wir erhielten Ihr gefl. Schreiben vom 1. ds. Mts. Und danken Ihnen verbindlichst für Ihre liebenswürdigen Bemühungen bei der Sammlung für unser Fliegerheim. Auch den fleißigen kleinen Mitarbeitern bitten wir, unseren herzlichsten Dank übermitteln zu wollen. Als Drucksache lassen wir Ihnen, Ihrem Wunsche gemäß, noch einige Marken zur gefl. Verteilung zugehen.«

Wir dürfen also davon ausgehen, dass Emmy Schipfer im Jahre 1915 im Sanatorium Strokorb im Kurort Friedrichsbrunn offenbar Heilung ihres Leidens gesucht hat, wobei sie sich, ihrem Wesen gemäß, mit Sicherheit nicht auf die faule Haut legte.

Damals waren fast alle Sanatorien in Friedrichsbrunn für die Soldaten beschlagnahmt worden. Und so war sicherlich auch das Fliegerheim in einem Sanatorium untergebracht.

Nach dem Ersten Weltkrieg verwandelte sich ein Lazarett in Quedlinburg in einen Tanzsaal, in dem Emmy Schipfer mit der ihr eigenen Energie und Entschlossenheit den einstigen »wilden Kriegern«, wie sie sie nannte, die hungrig waren nach allem, was sie versäumt hatten, wieder ein wenig Lebensfreude zu geben, getreu ihres Mottos »Auch der Tanz ist ein Elementarbedürfnis und ein Regulativ im Völkerleben!«

Zwischendurch war sie immer mal wieder auf Reisen. Das entnehmen wir einem Brief des Studiendirektors Dr. phil. Edwin Ritter aus Gardelegen (einer alten Hansestadt unweit von Salzwedel) vom 25. Oktober 1922:

»Studiendirektor Dr. Phil. Edwin Ritter bestätigt gern, dass Fr. Emmy Schipfer den Schülern und Schülerinnen des hiesigen Reform-Realgymnasiums im September d. J. Tanzstunden erteilt hat. Außergewöhnliches Lehrgeschick und andere persönliche Vorzüge als Lehrerin trugen zu dem Erfolge der ihr anvertrauten Schuljugend bei. Auch alle Angehörigen unserer hiesigen besten Gesellschaftskreise erinnern sich gern der ihnen erteilten Unterrichtsstunden, welche den Anlass zu einer neuen Zusammenkunft gaben, und begleiten Frau Schipfer noch nachdem sie uns verlassen hat, mit besten Wünschen für die Zukunft und der Bitte, dass sie auch im nächsten Jahr uns und unseren Kindern Gelegenheit geben möge, die Kunst Terpsichores zu pflegen.«

Es war im Übrigen das letzte Jahr, das Emmy Schipfer im Quedlinburg lebte.

Als sie im Jahre 1956 anlässlich ihrer 50jährigen Berufszugehörigkeit im Kleinen Saal der Glocke feierte, ließ Irmela Hantelmann in Versen von Inge Hausa die Zeit in Quedlinburg Revue passieren:

»Mich schickt ein liebliches Städtchen,
Das nimmer dich vergaß,
Seit in seinen Mauern
Von manchen bedrohlichen Schauern
Dein Leib und dein Herz genas.
Am Bahnhof ein steinernes Mädchen,
Das bot mit lächelndem Mund
Aus seinem blumigen Schoße
Dir eine steinerne Rose . –
Du fühltest: hier werd' ich gesund!
Vor und in Quedlinburgs Mauern
Kam schöner beruflicher Sieg;
Schleierschwingende Maiden,
Bunte Tanzstundenfreuden – – !
Ach, leider kam dann der Krieg.
Doch ihr wolltet nicht trauern,
Du und deine Getreuen,
Stark und einsatzbereit,
Nicht Mühe noch Arbeit scheuend,
Bestandet ihr tapfer die Zeit.«

Und tatsächlich wissen wir auch nicht viel mehr, als es in diesen Versen ausgedrückt ist: Es hat eine Tanzschule Schipfer in Quedlinburg gegeben, und Emmy hat aktiv am öffentlichen Leben der Fachwerkstadt teilgenommen. Das geht nämlich aus einem Brief des Magistrats der Stadt Quedlinburg hervor, unterschrieben von Bürgermeister Loisby, der am 1. August 1922 an »Fräulein Emmy Schipfer, hier, Öringer Straße 6« abgeschickt wurde:

»Nachdem es uns endlich gelungen ist, noch eine Anzahl der gelegentlich der Tausendjahrfeier unserer Stadt von einem hiesigen Goldschmiedemeister entworfenen Erinnerungsmedaillen zu erhalten, gestatten wir uns ergebenst, in dankbarer Anerkennung Ihrer so sehr wertvollen Mithilfe der Verschönerung unseres Festes durch Ihre außerordentlich wohl gelungene Tanzaufführung an den Unterhaltungsabenden, Ihnen ein Stück dieser Medaille zu überreichen und bitten, dieselbe zur Erinnerung an die Tausendjahrfeier unserer Stadt zu bewahren.«

Die Tausendjahrfeier war im Jahre 1922.

Empfehlungsschreiben für Emmy Schipfer von Studiendirektor Ritter

Die Zwanziger Jahre

Mode der 1920er-Jahre: schlanke Taille, Cappy und der Fuchs über der Schulter

Es wird im Allgemeinen gern von den »Goldenen Zwanziger Jahren« gesprochen – gemeint sind 20er-Jahre des 20. Jahrhunderts. Nun gut, diese Zeit lag zwischen zwei schrecklichen Kriegen und die 30er-Jahre wurden von den Nationalsozialisten beherrscht. In sofern mag das Golden durchaus berechtigt sein.

Auch in der Kunst ist dieses Jahrzehnt unvergessen, und mancher Künstler – Schriftsteller, Maler, Musiker, Schauspieler, vor allem, wenn er beim Film arbeitete – mag sich eine »goldene Nase« verdient haben.

Und eines ist sicher, für Schieber und Kriegsgewinnler waren es in jedem Fall goldene Jahre. Im Übrigen aber herrschten Massenarbeitslosigkeit, Hungersnöte, Inflation, soziale Streiks und politische Unruhen.

Zugegeben, in den Jahren 1924 bis 1929, nach dem Ende der Inflation bis zum Beginn der Weltwirtschaftskrise, gab es für jede Gesellschaftsschicht, für jeden Geldbeutel und für jeden Geschmack (den guten wie den schlechten) Gelegenheiten, sich zu amüsieren.

Aber »Golden« war diese Zeit nicht – allenfalls Dublee.

☙ ❧

Die Frau hatte sich Mitte der 20er-Jahre völlig verwandelt. Sie war gertenschlank und trug ein kurzes Kleid – das immer kürzer wurde. Sie ließ sich einen Bubikopf scheren, zierte oder verunzierte ihr Gesicht mit einer langen Zigarettenspitze und tanzte Charleston. Außerdem gab sie sich emanzipiert.

Der Schriftsteller Carl Zuckmayer erzählt in seinen Erinnerungen »Als wär's ein Stück von mir« aus der Reichshauptstadt Berlin:

»Berlin trug damals noch den Stempel des verlorenen Krieges. Die Menschen waren nervös und schlecht gelaunt, die Straßen schmutzig und von verkrüppelten Bettlern bevölkert, Blindgeschossene und Beinlose, über die es mit hastigen Schritten in Halbschuhen oder Stiefeletten dahinging, so wie George Grosz und Otto Dix das gemalt haben.

Die Schieber mit weiten ›Tangohosen‹ und einem koketten Gürtelchen auf der Rückseite des knapp geschnittenen Sakkos, der sich in auffälligen Farben hielt, rotbraun, orange und lila, großkariert – die zackigen Hochstapler, die Totogewinner der Börse und der Literatur, mit schwarzer Hornbrille und so genanntem ›Bolschewikenschnitt‹, das Haar glatt zurückgekämmt, den Nacken scharf ausrasiert und dick mit Puder bestreut, füllten die Cafés und gaben den Ton an.

Zurechtgemacht für den Tanztee 1924: mit Bubikopf und kurzem Kleid, der Herr im Smoking

Tanzkurs 1920: Die Rüschenkragen sind verschwunden, die Röcke kürzer und die Frisuren haben sich deutlich verändert, die Herren gehen jetzt im Cut

Der Ton war bewusst zynisch, kaltschnäuzig, salopp, womit eine permanente Unsicherheit kess zugedeckt wurde. Die Frauen trugen ihre kniefreien, formlosen ›Hänger‹. Die Haare hinten zu kurz geschnitten, so dass der Hals gegen Morgen unrasiert aussah, und machten sich über die gepflegten Frisuren, die schönen altmodischen Kleider der ›belle époque‹ lustig.

Berlin, im Anfang der 20er-Jahre, war halbseiden, es roch nach Chypre, Abschminke und schlechtem Benzin, es hatte seinen imperialen und großbürgerlichen Glanz verloren und wurde erst später zu einer grellen, hektischen Blüte hochgepulvert.«

Damals sang man: »Warum denn weinen, wenn man auseinander geht, wenn an der nächsten Ecke schon ein andrer steht.«

Im Jahre 1922 schlossen die Deutschen in Rapallo einen Vertrag mit den Russen. In ihm ging es um wirtschaftliche Zusammenarbeit und um die Aufnahme diplomatischer Beziehungen. Der deutsche Außenminister Walter Rathenau wurde ermordet. In Italien gelang es dem Faschistenführer Benito Mussolini Ministerpräsident zu werden. Der Schriftsteller Bert Brecht schrieb »Trommeln in der Nacht«. Franz Kafka erlitt einen Nervenzusammenbruch. Und Max Beckmann malte »Vor dem Maskenball«.

In eben diesem Jahr 1922 wurde der Allgemeine Deutsche Tanzlehrer-Verband gegründet. Heinz Pollack veröffentlichte in Dresden ein Buch mit dem Titel »Die Revolution des Gesellschaftstanzes«, in dem er das sportliche Tanzen von der Welt der Mode und der vornehmen Gesellschaft trennte.

Der Tanzlehrer Reinhold Sommer führte im Verein »Berliner Presse« eine aus vier Paaren bestehende Tango-Quadrille vor – sie war ein Vorläufer des Formationstanzens.

In Deutschland trat im Jahre 1925 die erste offizielle Tanzturnierordnung in Kraft. Der Quick Foxtrott ersetzte den One-Step. Der Charleston, ein Zappelphilipp, wurde immer wilder: »Was machst du mit dem Knie, lieber Hans, mit dem Knie, lieber Hans, beim Tanz«.

Die deutschen Tanzlehrer trafen sich erstmals im Jahre 1928 zu einer Konferenz in Bad Kissingen. Daraus wurde eine Tradition, die bis heute

Tanzkurs 1920

fortgesetzt wird. Eine der eifrigsten Besucherinnen dieser Konferenz in den Jahren nach 1945 war Inge Hausa, die sich dort noch mit über 70 Jahren neue Tänze beibringen ließ.

Nach der Mitglieder-Liste der Genossenschaft Deutscher Tanzlehrer gab es am 1. Januar 1928 in Bremen die Tanzschulen Fanny Bourgeau in der Besselstraße, Gustav Hölzer, Außer der Schleifmühle Nr. 76, Hedwig Killing, Landweg Nr. 11, Julie Mende, Hohentors-Heerstraße Nr. 137, und Emmy Schipfer in der Georgstraße Nr. 1.

Und damit sind wir bei Emmy Schipfer, deren Bremer Zeit im Jahre 1922 begann.

Es ist nicht sicher, ob Emmy Schipfer irgendwann einmal daran gedacht hat, überhaupt nach Bremen zu ziehen. Warum sollte sie das? Ihr Revier war die Gegend um Magdeburg. Sie wohnte in Quedlinburg. Sie war in der Gesellschaft anerkannt, hatte ihr Auskommen. Und Bremen lag weit weg!

Allerdings lebte und wirkte ihr Vater Vinzenz Schipfer, der nach wie vor den Künstlernamen Julius Donat trug, immer noch in Bremen, wo er seit 1918 erneut am Schauspielhaus engagiert war und als Darsteller wie als Regisseur große Erfolge feierte.

Im Jahre 1922 aber starb Vinzenz Schipfers Lebensgefährtin Paula Wirth. Sie war eine tüchtige Charakterspielerin des Bremer Schauspielhauses gewesen, und die beiden hatten mehr als zwei Jahrzehnte zusammen gelebt. Der Tod der Schauspielerin kam über Vinzenz Schipfer wie ein Schicksalsschlag, der ihm sehr zu schaffen machte. In dieser Situation suchte er Hilfe bei seiner Tochter Emmy.

Emmy, die in ihrem Leben nicht viel von ihrem Vater gehabt hatte, war sofort bereit ihm zu helfen. Sie brach alle Brücken in die Magdeburger Gegend hinter sich ab und zog zu ihrem Vater, offenbar ohne zu wissen, wie es mit ihrem Leben weitergehen sollte. Sie quartierte sich bei ihrem Vater ein, der in der Georgstraße Nr. 1 wohnte. Als in dem Haus eine Wohnung frei wurde, mietete Emmy sich dort ein. Für sie bedeutete der Umzug in die Hansestadt Bremen einen völlig neuen Lebensabschnitt, wenn man davon absieht, dass sie bisher stets in Hansestädten gelebt und gearbeitet hatte.

Für ihren Anfang an der Weser gibt es eine kleine Geschichte, bei der man nicht weiß, ob sie sich tatsächlich zugetragen hat oder ob sie eine Anekdote ist, denn es heißt, dass sie zu Beginn ihrer Bremer Zeit Schwierigkeiten hatte, Tanzschülerinnen und Tanzschüler zu finden. Gut, der Name Donat war bekannt – als Schauspieler. Aber was hatte das mit Emmy Schipfer zu tun.

In Bremen ging man im Allgemeinen und wenn man was auf sich hielt in die Tanzschule Hölzer.

Emmy Schipfer musste sich also etwas einfallen lassen: Während einer Fahrt mit ihrem Fahrrad wurde sie »ganz zufällig« vor dem Hause einer einflussreichen Bremer Familie am Osterdeich ohnmächtig und fiel, wie man sich vorstellen kann, vom Fahrrad. Profihaft fallen konnte sie, ohne sich dabei weh zu tun, das wollen wir einfach mal unterstellen.

Der Vorgang wurde im Hause der Bremer Familie wahrgenommen und die Dame des Hauses sorgte dafür, dass die Ohnmächtige ins Haus geholt wurde. Dort kam Emmy Schipfer wieder zu sich, und die Dame des Hauses wollte wissen, wer sie sei. »Ich kenne Sie ja gar nicht. Sind Sie neu in Bremen?«

Man kam ins Gespräch, eine Disziplin, die Emmy Schipfer hervorragend beherrschte, und auf diese Weise landete sie unter den »Fittichen« der einflussreichen Dame, die ebenfalls zufällig eine Tochter im Tanzstundenalter hatte.

Und da die einflussreiche Dame wiederum einflussreiche Damen mit Töchtern und Söhnen im Tanzstundenalter kannte, stand dem ersten ausgewählten Tanzzirkel nichts mehr im Wege.

Es war danach ein geschickter Schachzug, dass Emmy Schipfer ihre Tanzschule »Emmy Schipfer-Donat« nannte. Wer bis dahin noch nicht gewusst hatte, dass sie mit dem beliebten Schauspieler Julius Donat verwandt war, der wusste es jetzt.

Um das Thema Julius Donat – soweit es sich um seinen beruflichen Weg handelt – abzuschließen, sei folgendes erzählt: Der Schauspieler verabschiedete sich vom Schauspielhaus im Jahre 1925 nach 50-jähriger Bühnentätigkeit, während der er 1500 Rollen einstudiert hatte. Seine letzte Rolle war die das Schuhmachers Weigelt in L'Arronges Volksstück »Mein Leopold«. Es war über Jahre seine Glanzrolle gewesen! Julius Donat wurde zum Ehrenmitglied des Bremer Schauspielhauses ernannt. Er starb in den ersten Tagen des Jahres 1933.

Aber da sind wir noch nicht.

Wir befinden uns jetzt exakt am 9. September des Jahres 1922. An diesem Tag begann der Unterricht der Tanzschule Schipfer-Donat in den Räumen des alten Logenhauses in der Meinkenstraße.

Und wie immer, wenn Emmy Schipfer sich in ihre Arbeit hineinkniete: Sie hatte Erfolg. Die jungen Leute kamen gern zu ihr. Und wie sie es immer gehalten hatte, sie nahm auch am öffentlichen Leben aktiv teil.

Freundschaft mit Clara Rilke-Westhoff

Innerhalb von wenigen Jahren war Emmy Schipfer in Bremen heimisch geworden und hatte sich einen erlesenen Freundeskreis geschaffen. Wir wissen darüber nicht viel. Emmy Schipfer hat nie viel Worte gemacht.

Doch wir haben einen kurzen Brief von Clara Rilke-Westhoff (1878–1954) gefunden, der an Emmy Schipfer gerichtet war.

Die Bremer Bildhauerin und Malerin, die aus einer angesehenen Bremer Kaufmannsfamilie stammte und die im Jahre 1901 den Dichter und Schriftsteller Rainer Maria Rilke geheiratet hatte, wohnte in Fischerhude-Bredenau.

Sie schrieb am 2. August 1932: »Sehr verehrtes Fräulein Schipfer-Donat, hätten Sie Lust, heute Abend nach dem Abendbrot ein Stündchen zu uns zu kommen mit ihrer kleinen Assistentin? Es würde mich sehr freuen. Am liebsten ein bisschen früh. Um 8 Uhr, geht das? Auf gutes Wiedersehen Ihre Clara Rilke.«

Mit der »kleinen Assistentin« war ohne Frage Inge Hausa gemeint. Emmy Schipfer und Inge Hausa bildeten schon damals ein Gespann.

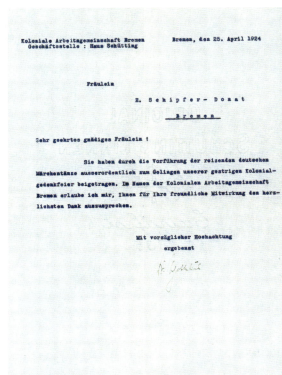

Dankesschreiben für geleistete Arbeit an Emmy Schipfer auch aus Bremen: von den Bauherren Unser Lieben Frauen und der Kolonialen Arbeitsgemeinschaft Bremen

Inge Hausa, um 1930

Das zeigt ein Brief des Bauherrn der Gemeinde von Unser Lieben Frauen vom 14. Dezember 1923: »Im Namen unserer Gemeinde spreche ich Ihnen den herzlichen Dank aus für die große selbstlose Liebenswürdigkeit, mit der Sie sich nun schon zum zweiten Male in den Dienst der guten Sache gestellt haben. Der gute Verlauf der Veranstaltung und der reiche Ertrag des Nachmittags gibt uns die Möglichkeit, vielen Einsamen und Kindern der Gemeinde eine Freude in dieser Weihnachtszeit zu bereiten und dazu mitgewirkt zu haben, wird Ihnen gewiss ein lieber Gedanke sein.«

Verständlich, dass Herr Gustav Hölzer, der aus einer Tanzlehrer-Dynastie stammte, angesichts der Aktivitäten der jungen Kollegin ein bedenkliches Gesicht zog. Gustav Hölzer war übrigens, wenn wir richtig informiert sind, aus Eisleben, wo sein Vater eine Tanzschule unterhielt, nach Bremen gekommen. Von der Lutherstadt Eisleben ist es nur ein Katzensprung bis nach Quedlinburg.

Die Zahl der Eleven in der Tanzschule Schipfer-Donat wuchs, und Emmy Schipfer fühlte sich fast überfordert. Außerdem kränkelte sie nach wie vor. So suchte sie Unterstützung, und da nun war es ihr Vater Vinzenz, der einen Weg wusste. Er kam eines Tages nach Hause und erzählte seiner Tochter von der Schauspielerkollegin Käthe Nowak, die den Künstlernamen Hausa trug. Und diese Kollegin habe eine Tochter, übrigens Kippenbergschülerin, die – so berichtete Vinzenz Schipfer – »alleweil die Beine in der Luft habe«. Er fügte hinzu: »So eine junge Deern, das wäre doch was für deine Tanzschule.«

Und so kam es, dass Inge Hausa, nach dem sie entsprechend von Emmy Schipfer ausgebildet worden war, mit »Papa« Donat als Anstandswauwau in Vertretung von Emmy Schipfer einige Kurse leitete.

Inge Hausa und Emmy Schipfer hatten eines gemeinsam. Im Leben der beiden hatten die Väter stets nur Gastrollen gegeben. Inge Hausa trug

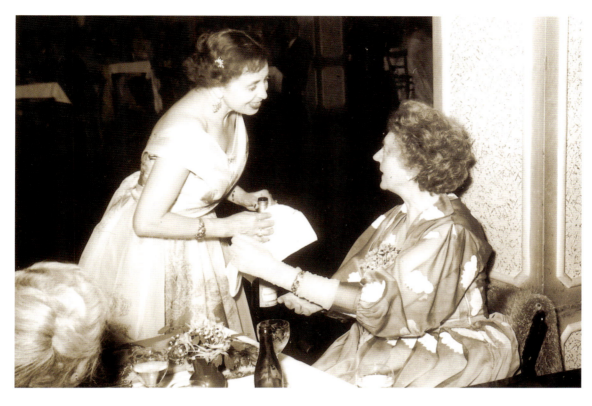

Ein gutes Team: Emmy Schipfer und Inge Hausa

damals noch den Namen ihres Vaters, der Ernst Wachler hieß.

Wachler hatte im Sommer 1903 das noch heute bestehende und sehr erfolgreiche Harzer Bergtheater in Thale im Harz gegründet, das vor dem Ersten Weltkrieg eine der bedeutendsten deutschen Freilichtbühnen war.

Inge hatte noch einen Bruder, der vielen noch heute lebenden Bremern kein Unbekannter ist: Dr. Ingolf Wachler. Er war Journalist, Autor und Jazz-Spezialist bei Radio Bremen. Er gehörte zu den Redakteuren der ersten Stunde des Senders nach dem Zweiten Weltkrieg. Seine Töchter Andrea und Ebba haben, wie man sich denken kann, bei Tante Inge und »Tante« Emmy das Tanzen gelernt – 1959 und 1960.

Bleiben wir noch ein bisschen bei Inge Hausa. Sie kam von dem Augenblick an, als sie mit wehenden Zöpfen, wie sie bei den Kippenbergschülerinnen üblich waren, bei Emmy Schipfer aushalf, vom Tanzen nicht mehr los. Sie blieb Emmy Schipfer treu, und Emmy Schipfer hat diese Treue vergolten. Sie hat Inge Hausa adoptiert, und die beiden wurden lebenslange Freundinnen.

Im Jahre 1926 zog die Tanzschule Schipfer-Donat in die Georgstraße Nr. 1, Ecke Contrescarpe, wo Emmy Schipfer und ihr Vater wohnten. Dort blieb die Schule bis zum Jahre 1931.

Doch bevor wir uns den 30er-Jahren zuwenden, sollten wir an einen Schüler der Tanzschule erinnern, der später noch sehr berühmt wurde.

Unter den Augen von Emmy Schipfer lernte der Gymnasiast Karl Carstens Ende der 20er-, möglicherweise aber auch Anfang der 30er-Jahre (die entsprechenden Unterlagen sind leider verloren gegangen) das Tanzen.

Wir wollen die Sache nicht überbewerten, aber wer eine gute Tanzschule besucht hat, dem fällt der Weg zu höchsten beruflichen Ehren leichter. Karl Carstens (1914–1992) wurde nach einem reichen und erfolgreichen Leben im Jahre 1979 Bundespräsident.

Tanzkurs 1933:
»Montag Vorabend«

Tanzkurs 1933:
»Dienstag Später-
abend«

Tanzkurs 1933:
»Riege Eins«

Tanzkurs 1933:
»Riege Zwei«

Emmy Schipfer
beim Winterball am
7. Januar 1933

Zwischen 1930 und 1945

Es gab zu Beginn der 30er-Jahre für viele Deutsche wenig Anlass, optimistisch in die Zukunft zu blicken.

Die Regierung des Reichskanzlers Hermann Müller (1876-1931), SPD, war wegen der Uneinigkeit in der von ihm geführten Koalition in der Frage der Sanierung der Arbeitslosenversicherung gestürzt worden. Müllers Scheitern hatte erheblichen Einfluss auf die Krise der Demokratie in Deutschland.

Heinrich Brüning (1885-1970) vom Zentrum war daraufhin vom Reichspräsidenten Hindenburg mit der Regierungsbildung beauftragt worden. Die Regierung verfügte im Reichstag über keine Mehrheit. Brüning versuchte, das Reich mit Hilfe von Notverordnungen durch die Weltwirtschaftskrise zu steuern.

Bei der Reichstagswahl im September 1930 machten die Nationalsozialisten (NSDAP) einen gewaltigen Schritt nach vorn. Sie wurden zweitstärkste Partei hinter den Sozialdemokraten.

Die Rumba kam über New York aus Kuba nach Europa – vermutlich auch mit den großen Passagierschiffen des Norddeutschen Lloyd »Bremen«, »Europa« und »Columbus«. Wie anders als auf den Tanzdecks und in den Ballsälen dieser Schiffe hätte die Rumba nach Deutschland kommen können? Im Übrigen wurde dieser Tanz bereits zwei Jahre später als Turniertanz zugelassen.

Der erste Ball

Am 14. Januar 1933 schrieb Marga Arndt aus Bremen, die später den Namen Lüdeker trug, einen Brief an Ihren Bruder Wilhelm Hermann:
»Erstens, lieber Helmi, möchte ich dir von unserem wirklich großen Ball berichten, der am 4. Januar stattfand. Es war einfach fabelhaft!!!!! Aber alles nach der Reihe.

Ich habe dafür ein herrliches hellblaues Crepe Marocain Kleid bekommen. Mit weitem Glockenrand und bis auf die Füße. Es ist ganz einfach, vom Halse eine gewickelte Ranke von blauem und rosa Samt und zwei so Flügel als Ärmel. Dazu schwarze Samtschuhe (vom eigenen Geld; nimm dir ein Beispiel, wie ich spare).

Erni fuhr Tante, Vater und mich mit unserem ›kleinen‹ BMW hin. Um halb neun war Anfang in den großen Sälen des Parkhauses. Einen Tisch hatten die alten Herrschaften mit Familie Freter zusammen bestellt.

Jeder Kursus hatte eine besondere Tafel. Unsere Tischfarbe war gelb. Alles mit gelb geschmückt. Die Herren bekamen von jeder Dame ein kleines Geschenk (jeder Kursus verschiedenes). Es sollte das Kennzeichen der einzelnen Kurse sein.

Sie bekamen von uns ein kleines Küken, was sie am Anzug befestigten. Jeder bekam eine ausgehöhlte Apfelsine, die wie ein Korb (richtig mit Henkel) geschnitten war, oben war ein kleines Bändchen befestigt, gefüllt war er mit Citronencreme (das schmeckte!!!!!). Es war der leckerste Kuchen da, leider konnte ich einfach nichts essen. Ich habe zwei Gläser Wein getrunken (das bezahlte der Herr). Nette Tischkarten hatten wir. Und dann haben wir getanzt bis zur Endlosigkeit.

Papa guckte zu. Erni hat auch mit mir getanzt. Einfach fabelhafte Tanzvorführungen bildeten gute Abwechslung. So ging es von halb neun bis halb vier. O, meine Füße brannten, aber ich habe immer getanzt.

Um vier waren wir zu Hause Es hat allen sehr gefallen. Auch Vater (der sonst leicht nichts davon wissen will)!!!!! Um elf bin ich aufgestanden. Von eins bis vier habe ich dann wieder geschlafen.

Diesen Tag werde ich nie in meinem Leben vergessen. Es war mein erster Ball. O, die Damen hatten alle lange weiße Handschuhe an, bis zu den Ellenbogen und länger. Ich hatte weißseidene. Die Herren haben ja natürlich immer welche an. Das

63

Oben: Winterfest am 7. Januar 1933: Slowfox-Formation von vier Paaren der »Riege Eins« – mit Handküssen für die Damen Hausa und Schipfer
Unten: Emmy Schipfer bei der Arbeit – Tanzkurs »Dienstag Späterabend«

sah sehr fein aus. Die Herren führten noch einen Ballonreigen auf. Die Luftballons flogen durch die Räume und wurden zerknallt: lustig!!!!!

Die erste Tanzstunde danach sollte heute sein. Vorgestern starb plötzlich Emmy Schipfer-Donats Vater. Nun ist bis Montag geschlossen. Er war ein großer Schauspieler am Schauspielhaus. Traurig und schade.«

Die Zeiten wurden rauer

Am 30. Januar 1933 wurde Adolf Hitler Reichskanzler. Und ziemlich schnell begannen die Nationalsozialisten die Macht im Reich zu übernehmen. Und das bedeutete nicht nur die politische Machtübernahme.

Das ganze Leben der Deutschen wurde von den Nazis beherrscht, und die Nazis übernahmen auch die »Macht« auf den Tanzböden. »Negermusik« und »jüdisch-dekadenter Jazz« wurden offiziell verboten. Der »Reichsverband zur Pflege des Gesellschaftstanzes« wurde »freiwillig« korporatives Mitglied im »Kampfbund für Deutsche Kultur«.

Sämtliche Clubmitglieder hatten schriftlich die eidesstattliche Versicherung abzugeben, dass sie selbst und ihre Ehefrauen ohne Ausnahme arischer Abstammung seien und keiner Loge und keinem Geheimorden angehörten.

Die wenigen Leser der Bremer Nationalsozialisten Zeitung (BNZ) wurden am 3. Oktober 1933 mit den neuen deutschen Tänzen konfrontiert. Sie lasen: »Die Tanzschule Emmy Schipfer-Donat veranstaltete am Sonnabend im Parkhaus in geschlossenem Kreise einen Tanzabend, der erstmalig geladenen Gästen, insbesondere den Eltern der Schüler, die Formen und Arten der Tänze des kommenden Winters zeigte.

Die Berliner Lehrertagung des Einheitsverbandes Deutscher Tanzlehrer hat endgültig mit fremdländischen Tänzen gebrochen, die dem deutschen Empfinden lediglich als Verirrung des Geschmacks erschienen. Daneben hat die Tagung an Stelle der überspitzten Form des Nur-Paar-Tanzes dem Gemeinschaftstanz wieder größere Bedeutung geschenkt, in dem, wie Fräulein Schipfer-Donat in einer erläuternden Ansprache betonte, ein Stückchen Weltanschauung verankert liegt.

Nicht mehr die Spitzenleistung zweier miteinander eingetanzter Partner, sondern die Gemeinsamkeit soll in frohen Stunden den Feierabend ausfüllen. Die fremden Tänze verlangten mehr Drill, die neueren, besser, die wiedererkannten alten, dagegen versprechen mehr Fröhlichkeit, ohne den Zwang in sich zu bergen, dass die Partner eingetanzt sein müssen, wie es bisher bei den artfremden Tänzen unumgänglich notwendig war.

Durch die Wiedereinführung alter sowie durch eine Beibehaltung der eingedeutschten fremden Tänze war die Linie des Abends eindeutig festgelegt.

Von bestimmten Musterriegen wurden im ersten Teil des Programms die verschiedenen Arten des Walzers geboten, der schnelle Walzer, eine neue Fassung, der langsame Walzer, den man früher fälschlich als English Waltz bezeichnete, und endlich der Schrittwalzer.

Der Rheinländer, mit seiner Auflösung der Paare bei jedem Schrittsatz, entstand wie der Neue Polka verändert und neu, in schöner Weise von einer Tanzgruppe zur Schau gebracht.

Von den fremdländischen Tänzen bleiben nur Foxtrott und Tango, ersterer in vereinfachter Art als Wechselschrittler und in einer anderen ebenfalls sehr einfachen Form als Marschtanz. Der Tango, der in seiner Ruhe und Beherrschung von einem Meisterpaar vorgeführt wurde, zeigte, wie auch hier überall deutsche Schritte scheinbar Fremdes in völlig Arteigenes verwandelt haben.

Den Abschluss der Darbietungen bildeten zwei Gemeinschaftstänze. Der Deutschländer, ein moderner Achter, gibt stimmungsvollen Ersatz für die Quadrille; der Friedrichshainer zeigt in seiner frohen Art mit dem ihm eigentümlichen Auswechseln der Paare große Anklänge an den Volkstanz und fand so naturgemäß großen Beifall.

Frohe Tänze für die Allgemeinheit, gleichzeitig eine Schule für das Neue, hielten die Gesellschaft in gemeinsamer Freude zusammen. Der Abend bewies, wie begrüßenswert es ist, dass auch im Tanzsport und Vergnügen das rein Deutsche fremde Auswüchse und Einflüsse siegreich überwunden hat.«

Wir wissen heute nicht mehr, mit welchen Gefühlen Emmy Schipfer diesen Abend vorbereitet und veranstaltet hat. Auf Grund Ihrer Vorbildung kann sie dabei nicht besonders glücklich gewesen sein. Andererseits hatte sie – wie aus Unterlagen hervorgeht – gute Verbindungen zu so genannten vaterländischen Gruppen. Und es wird wohl so gewesen sein, dass sie – wie viele Bürger – den Nationalsozialisten zunächst nicht ohne Sympathie gegenüber gestanden hat.

Aber so ganz sicher scheint sie sich in dem neuen Staat in ihrer Position nicht gefühlt zu haben. Anders lassen sich drei Briefe nicht erklären, die alle um den 20. Februar 1934 herum von Persönlichkeiten geschrieben wurden, von denen man annehmen kann, dass sie bei den neuen Machthabern nicht ohne Einfluss waren.

So schrieb Frau von Lettow-Vorbeck: »In den zehn Jahren meines Hierseins habe ich Fräulein Schipfer-Donat stets als vorzügliche Gymnastik- und Tanzlehrerin lehren gehört. Besonders erfreulich berührten mich ihre künstlerischen Darstellungen bei verschiedenen vaterländischen Festabenden, die Beweise gaben von froher Disziplin der Schüler in den verschiedensten Altersstufen und von der musikalischen Begabung und der reichen Phantasie der Lehrerin.«

Auch der Flottenbund Deutscher Frauen e.V., Ortsgruppe Bremen, meldete sich durch die Vorsitzende Dorothee Ohlendorf zu Wort: »Fräulein Schipfer-Donat hat ihre großen Fähigkeiten stets opferfreudig für die Veranstaltungen des Flottenbundes Deutscher Frauen zur Verfügung gestellt. Alljährlich hat sie den Auftakt unserer Feste, die Flaggen-Parade der kleinen Matrosen im Alter von 6 bis 14 Jahren neu gestaltet. Durch hochwertige künstlerische Darbietungen und Tanz-Pantomimen, die sie in liebevoller Hingabe einstudierte, wurden unsere Festabende durch Fräulein

Festfolge des Winterballs vom 5. Januar 1935

Wichtig in den rauen Zeiten: Zeugnisse für Emmy Schipfer von Frau von Lettow-Vorbeck und vom Flottenbund Deutscher Frauen e.V.

Schipfer-Donat verschönt und sie erfreut sich daher in unserem Freundeskreise großer Beliebtheit.«

Und der Korvettenkapitän a. D. Karl Hinsch setzte noch einen drauf: »Fräulein Schipfer-Donat, die wir nunmehr 12 Jahre kennen und als wertvollen Menschen stets hochgeschätzt haben, erfreut sich in dem großen Kreis ihrer Bekanntschaft und ihrer Schüler aller Altersgrenzen großer Beliebtheit. Der Stil ihres Unterrichts ist durchaus vornehm, die Disziplin ihrer Schüler ist mustergültig. Frl. Schipfer-Donat hat große künstlerische Begabung und Musikalität. Fast alljährlich haben unsere Töchter in rhythmischer Gymnastik und modernen Tänzen Unterricht bei Frl. Schipfer-Donat gehabt und sind dadurch sehr gefördert worden. Besonders zu erwähnen sind Frl. Schipfer-Donats abwechslungsreiche Darbietungen in Tanzpantomimen, wodurch sie viele vaterländische Feste wertvoll bereichert und verschönt hat.«

Aber all diese schönen Worte halfen – wie wir lesen werden – nicht viel. Das zeigte sich schon sehr früh in Stralsund.

Gastspiele in Stralsund

In den Jahren vor dem Zweiten Weltkrieg bot Emmy Schipfer in den Sommermonaten Tanzkurse in der Hansestadt Stralsund an – und das mit großer positiver Resonanz bei jungen wie älteren Schülern.

Im Juni 1934 veranstaltete die Tanzschule Schipfer-Donat einen Tanzabend im Stadttheater Stralsund, wobei die junge Inge Hausa einen großen künstlerischen Erfolg erzielte. Höhepunkt der Veranstaltung war ein »Heroischer Marsch«, der bei der Gelegenheit erstmals vorgestellt wurde.

Ein ausführlicher Bericht erschien am 18. Juni in der Pommerschen Zeitung in Stralsund. Am Schluss des weitgehend auf das Künstlerische eingehenden Berichtes stand eine Meldung folgenden Inhalts:

»Die Hitler-Jugend wehrt sich. Zu der Aufführung des ›Heroischen Marsches‹ schreibt die Schulungsabteilung der Hitler-Jugend und des BDM, Bann Neuvorpommern: Nach den ersten Vorführungen glaubte man, es mit guter, wenn auch nicht gerade stilvoller Arbeit zu tun zu haben, doch wurde man bald eines besseren belehrt. Es wurde nämlich nationaler Kitsch in höchster Vollendung gezeigt. Ein Tanz ›Heroischer Marsch‹ genannt, würdigte eine schwarz-weiß-rote Fahne herab! [...] Die Begeisterung des Stralsunder Publikums über diese Entgleisung zeigte der Hitler-Jugend blitzartig, wie weit sie noch von ihrem Ziel, den Kitsch auszurotten, entfernt ist. Die deutsche Jugend wehrt sich dagegen, wenn Außenstehende ihre Arbeit durch derartigen Hohn auf die Kultur zerstören. [...]

Die Stralsunder Bürger sollten einmal über den Ausdruck der Kunst im neuen Reich nachdenken. Nicht das, was gestern gezeigt wurde, ist der Stil, den wir brauchen, um das Kulturleben Deutschlands zu fördern, sondern ein neuer, echter, großer Stil, den die Jugend und damit die Hitler-Jugend in das Volk tragen wird!

Der Leiter der Abt. Schulung des Bannes Neuvorpommern.

Die Untergauführerin des BDM, Neuvorpommern.«

⁂

Nach dieser Ohrfeige für die Stralsunder Bürger und vor allem für Emmy Schipfer wusste die Bremerin, dass sie in dem neuen Reich auf einem Vulkan tanzte.

Als Emmy Schipfer literarisch Käthe Lahusen wurde

Aber sie machte ihre Arbeit weiter, als sei nichts geschehen. Sie hielt sich bedeckt und dachte gar nicht daran, den Stil ihrer Arbeit zu verändern.

Das geht auch aus einem Kapitel hervor, das wir in dem Buch »Alles andere als ein Held« von Rudolf Lorenzen gefunden haben. Der erste Teil dieses in den 50er-Jahren veröffentlichten Buches spielt in den Jahren vor Ausbruch des Zweiten Weltkrieges in Bremen. Der »Held« heißt Robert und besucht unter anderen an einem Sonntagnachmittag die Munte, obwohl er noch nicht tanzen kann. Aber er hat sich schon in der Tanzschule Lahusen angemeldet. Diese Tanzschule Lahusen ist nach den Worten des Autors, der vor Jahren ein Gespräch mit Hinrich Wulf geführt hat, identisch mit der Tanzschule Schipfer-Donat.

»Jeden Dienstagabend um halb neun Uhr gingen Robert und Albert in die Tanzschule Käthe Lahusen. Sie lernten in einem Anfängerkursus die wichtigsten Regeln gesellschaftlichen Benehmens, die Tanzhaltung und die Grundschritte und Anfangsfiguren der Gesellschaftstänze. Der Kursus setzte sich aus fünfundzwanzig Paaren zusammen, alles junge Herren und Damen zwischen fünfzehn und neunzehn Jahren, wobei die Herren um ein weniges in der Überzahl waren, denn Frau Käthe Lahusen achtete streng darauf, dass in keinem ihrer Kurse eine Dame zuviel war. Seit der Gründung ihrer Tanzschule vor zwanzig Jahren, so sagte man ihr nach, war es niemals vorgekommen, dass auch nur ein einziges Mädchen in ihrem Hause unaufgefordert als Mauerblümchen sitzen geblieben war. Sie hatte immer eine Dutzend Herren an der Hand, aus Fortschrittskursen oder aus dem Tanzkreis, die jederzeit bereit wa-

75 Jahre Bremer Domchor im Oktober 1931 – Showeinlage von Tänzern der Tanzschule Schipfer-Hausa in historischen Kostümen

Schipfer-Hausa war »die« Tanzschule von Kippenberg, vom Alten Gymnasium und von »Hermann Böse«

Über Jahrzehnte war Schipfer-Hausa ›Die Tanzschule‹ der Schülerinnen vom Kippenberg Gymnasium, der Schüler vom Alten Gymnasium und vom Hermann-Böse-Gymnasium, obwohl sich die Schüler der beiden Gymnasien gar nicht gut verstanden. Bei Schipfer-Hausa herrschte Burgfrieden. Regina Wulf erzählt: »Zu meiner Zeit verabredeten wir Kippenbergschülerinnen uns klassenweise mit Schülern des Alten Gymnasiums.«

Ein Beweis für die Verbindung zwischen Kippenberg und Schipfer-Hausa ist ein Brief vom 28. Februar 1934, den der Professor Dr. August Kippenberg (1869–1952), Direktor des Städtischen Oberlyzeums Kippenberg an Emmy Schipfer schrieb.

Es war, wenn man so will, eine Art Zeugnis: »Frau Schipfer-Donat und Fräulein Inge Wachler sind mir seit langem bekannt. Ich habe ihren Unterricht an meinen eigenen Kindern und an zahlreichen Schülerinnen meines Oberlyzeums seit langem beobachtet. Er vermittelt den jungen Menschen eine ausgezeichnete Schulung in der Fähigkeit des Tanzes; daneben haben es die Damen in vorzüglicher Weise verstanden, ihre Schüler(innen) zu guter Kameradschaft zu beeinflussen, bei strenger Handhabung der Ordnung zu gesellschaftlich tadellosem Benehmen und gelöster Fröhlichkeit zu führen. Dabei wurde jede Eigenart stark berücksichtigt. Ich kann die unterrichtliche Tätigkeit der beiden Damen warm empfehlen.«

ren, in fremden Kursen einzuspringen, wenn die Teilnehmerzahl in der gewünschten Form nicht aufging. Wichtiger als der Unterricht im Gesellschaftstanz war ihr das Lehren der gesellschaftlichen Formen. Darum war sie auch in allen Anfängerkursen vom Beginn bis zum Ende anwesend, obgleich zum Unterricht ihre Tochter und zwei Assistentinnen in führenden Rollen hinzu gezogen wurden. Frau Käthe Lahusen saß auf einem Podium, dreißig Zentimeter über der Tanzfläche, vor einem winzigen Barocktischchen, auf dem die Anwesenheitsliste des Kurses lag. Sie trug ein langes schwarzes, hochgeschlossenes Kleid, darüber eine schwere bis in den Schoß hinab fallende Perlenkette. Sie war annähernd sechzig Jahre alt. Obgleich sie viele Kleider besaß, hatte niemand, auch keiner ihrer ältesten Schüler, sie jemals in einem anderen Aufzug gesehen, denn alle Kleider, die sie besaß, waren lang, schwarz und hochgeschlossen, und über allen trug sie die lange Kette.

Die Schüler betrachteten Frau Käthe Lahusen mit großem Respekt, aber auch mit einiger Furcht, denn sie bemerkte jede Nachlässigkeit und tadelte mit freundlich scharfen Worten. Dabei war sie nicht etwa rückständig in ihrer Einstellung zur gesellschaftlichen Form, nein, ihr Unterricht war elastisch und trug jeder Zeitströmung Rechnung. Bereits vor zwanzig Jahren hatte sie diese Elastizität gebraucht, um ihre Tanzschule aufzubauen, denn sie, die aus Süddeutschland kam, hatte gleich bemerken müssen, dass es nicht gut war, in dieser Hansestadt auf der unbedingten Einhaltung des Handkusses und auf der Anrede ›gnädige Frau‹ zu bestehen. In dieser Stadt war eine ›Frau Reidemeister‹ oder eine ›Frau Geffken‹ mehr als eine ›gnädige Frau‹. Und der Handkuss war eine fremde höfische Sitte, die zu verwenden der hanseatische Kaufmann zu stolz war. Mittlerweile hatte sich Frau Käthe Lahusen aber noch mehrmals umstellen müssen. Aus einer revolutionären Jugend, die sie zu Beginn unterrichtete, war wieder eine bürgerliche Jugend und aus der bürgerlichen wieder eine revolutionäre geworden. Der Typ der augenblicklichen modernen Jugend behagte ihr nicht, und sie konnte es sich leisten, dies offen auszusprechen, denn sie hatte sich mit einem Vorstandssitz im Reichsbund der deutschen Tanzlehrer genügend Rückendeckung verschafft. Sie tadelte nicht, dass die Jugend, die ihre eigene militante Organisation geschaffen hatte, selbstbewusster auftrat als die Jugend früherer Jahre und auf dem Tanzparkett ihre ›zackige‹ Haltung nicht ablegen wollte, zumal die besonders schneidigen Hitlerjungen, die oft auch nur aus Versehen in die Schule gerieten, nie mehr als einen Kursus mitmachten und dann verschwanden, um nicht mehr wieder zu kommen. Sie verstand, dass die Jugend lauter geworden war. Nur eins duldete sie nicht in ihrer Schule, nämlich dass jemand einen Partner oder eine Partnerin beleidigend behandelte. Eine Beleidigung wäre es schon bei ihr gewesen, ein Mädchen zu übersehen und nicht zum Tanze aufzufordern. Ebenso wenig aber durfte es vorkommen, dass eine Dame die Aufforderung eines Herrn zum Tanzen nicht folgte. In der Tanzschule Lahusen gab es keine ›Körbe‹, denn der Mensch, so sagte Frau Lahusen, habe ein Recht auf würdevolle Behandlung.«

In etwa jener Zeit, in den Jahren 1937/38, da Lorenzen bei Schipfer-Donat tanzte und der spätere Bremer Tanzlehrer Peter-Walter Klug als junger Assistent bei Emmy Schipfer seine ersten tanzpädagogischen Erfahrungen sammelte, lernte Hans-Joachim Kulenkampff (1921-1998) das Tanzen bei Emmy Schipfer.

Kulenkampff, der unvergessene Schauspieler und Entertainer, hat später, während seiner Fernsehzeit, kaum eine Sendung vorübergehen lassen, ohne für seine Heimatstadt Bremen zu werben. Eine Bremerin, die zusammen mit Kulenkampff den Tanzkurs bei Emmy Schipfer besuchte, schwärmt noch heute von seinem Charme.

Viel Spaß hatte die Tanzschülerin Gundborg Otto, die 1938 bei Schipfer-Donat einen Kursus besuchte, mit ihrem Mitschüler Alex Schmalz, mit dem sie bis zu seinem Tode befreundet blieb. Der Vater von Alex Schmalz führte die Zentralhallen. Alex selbst war zuletzt Chef der Strandlust Vegesack.

Weniger Spaß hatte Gundborg Otto mit ihrem Vater, zu dem sie generell in einem sehr guten Verhältnis stand. Ihr Vater war Kapitän, der monatelang auf See war. Als er eines Tages nach Hause kam, erfuhr er, dass seine Tochter die Tanzschule besuchte.

Kostümball am 1. April 1933: »Winter ade« – der Spielmann mit seinen »Rondinellen«

»Tanzschule?«, fragte er ungläubig. »Du bist doch noch gar nicht konfirmiert!« »Aber bald!«, meinte die Tochter beschwichtigend.

Das passte ihrem Vater jedoch gar nicht. Es war nicht die feine Bremer Art. Doch nun war es passiert, und daran konnte auch ein Kapitän nichts mehr ändern.

Es versteht sich, dass die Tanzschülerin Gundborg auch einen Kavalier hatte. Aber wie das mit den Kavalieren so ist, er war sehr anhänglich, was nun wiederum Gundborg überhaupt nicht passte. Als sich die beiden eines Tages für halb sieben verabredet hatten, klingelte er vergeblich an der Tür. Gundborg und ihre Mutter hatten sich oben im Salon verschanzt und beobachteten, wie er unter der Straßenlaterne stand und verzweifelt nach einem Lebenszeichen im Hause suchte.

»War nicht schön von mir«, sagt Gundborg Otto heute. Aber das ist das ewige Spiel.

Kostümfest kam vor HJ-Dienst

Zu jener Zeit besuchte auch der Bremer Schriftsteller Ernst Dünnbier diese Tanzschule. Er war, wie auch Lorenzen, kaufmännischer Lehrling und bezahlte den Kursus mit dem Weihnachtsgeld, das sein Chef ihm zugesteckt hatte.

Als der Chef dahinter kam, dass er das schöne Geld für den Besuch eines Tanzkurses »verschleudert« hatte, fiel der aus allen Wolken. Für einen Tanzkursus Geld auszugeben – das wäre ihm nie in den Sinn gekommen.

Kostümball am 1. April 1933: »Winter ade!« – hier die beiden Verantwortlichen: Emmy Schipfer, Inge Hausa

Fasching 1933 – hier die verkleideten Schüler »Mittwoch Vorabend«

Einladung zum Kostümfest am 8. März 1930

Dünnbier aber konterte: »Sie wollen doch, dass wir uns gut benehmen. Und das lernen wir bei Ihnen, aber auch in einer Tanzschule.« Nach diesem Argument fehlten dem Lehrherrn die Worte.

Dünnbier erzählt: »Es gab in Bremen einige sehr gute Tanzschulen!«

Inzwischen gehörte auch Gertrud Ehlers dazu. Gustav Hölzer war immer noch da. Emmy Schipfer-Donat sowieso und Harald Rosemann (der »schöne Harald«), der vor allem Ehepaare unterrichtete. Zu Gertrud Ehlers kamen Schüler aus einigen Gymnasien. Gustav Hölzer, der große alte Herr der Bremer Tanzszene, galt im neuen Reich als ein bisschen überholt. Seine Schüler trugen Gamaschen und erschienen am liebsten im Smoking. Emmy Schipfer-Donat sprach Schüler und Lehrlinge aus der Altstadt wie der Neustadt an. Außerdem gingen die Kippenberg-Schülerinnen zu ihr. Das war fast Gesetz.

Wer zum Tanzen zu Schipfer-Donat kam, erinnert sich Ernst Dünnbier, musste die Schuhe wechseln, denn Straßenschuhe waren auf dem Parkett nicht erlaubt. Das war aber den jungen Herren sehr angenehm, denn das Wechseln der Schuhe fand im Souterrain statt. Dort konnten sie einen Blick ins Gymnastik-Studio werfen, wo es im Allgemeinen sehr hübsche Mädchen zu sehen gab. Dabei durfte man sich aber nicht erwischen lassen.

Die Tanzschule war inzwischen von der Georgstraße in die Rembertistraße Nr. 65 umgezogen, von dort in die Straße Am Dobben Nr. 111. Und im Jahre 1937 hatte Emmy Schipfer-Donat ein eigenes Haus an der Contrescarpe Nr. 10 bezogen.

Über die Garderobe der Herren erzählt Ernst Dünnbier: »Für die Herren verstand es sich von selbst, dass sie ein Jackett trugen und natürlich eine Krawatte. Außerdem waren weiße Handschuhe Pflicht. Uniformen waren auf dem Parkett nicht zu sehen.« Stramme Hitlerjungen gingen sowieso nicht zum Tanzunterricht. Denn Hitlerjungen tanzten nicht. Sie marschierten.

Unvergessen ist für Dünnbier ein Kostümfest im Parkhaus. Denn an dem Tag, an dem dieser Ball stattfand, hatte die Hitlerjugend eine Großkundgebung angesetzt. »Erscheinen ist Pflicht!« Dünnbier verließ sein Elternhaus am Wall allerdings nicht in Uniform, sondern im Kostüm. Durch Nebenstraßen erreichte er das Parkhaus und ließ sich dort fröhlich treiben. Die Zeitungen berichteten über das gesellschaftliche Ereignis, das unter dem Motto »Hokus Pokus Fidibus« stand. Und es scheint, dass das Nichterscheinen des Hitlerjungen Ernst Dünnbier auf der Großkundgebung gar nicht aufgefallen ist – Hokus Pokus, er war für seine Führer unsichtbar.

Am 7. und 14. Januar 1939 wurden zwei Winterbälle der Tanzschule Emmy Schipfer-Donat veranstaltet, der erste im Parkhaus, der zweite in der Glocke. Die Bremer Presse berichtete darüber am 16. Januar sehr ausführlich, wobei sie sich im Wesentlichen auf den Ball in der Glocke konzentrierte.

Krönung des Balles waren ein großes Turnier, das von den Paaren Bleichwehl/Frl. Wesselkock und Ober/Frl. Döhle gewonnen wurde, und die Tanzschau der Tanzmeister und Tanzlehrer Inge Hausa und Georg Reschke.

Lebhaft kann sich Christa Sander an ihre Tanzstundenzeit bei Schipfer-Hausa erinnern. Sie hat dort ihren Mann kennen gelernt, Heinrich Sander, der ein begabter und leidenschaftlicher Tänzer war. Von seinem 18. bis zum 30. Lebensjahr war er Emmy Schipfer verbunden. Und Emmy soll einmal gesagt haben: »Wenn ich einen Sohne hätte, der müsste so sein wie Heinrich.«

Unvergessen für ihn war ihre Besorgnis für Mädchen, die Gefahr liefen, als Mauerblümchen zu verkümmern. Er erinnerte sich, dass er mit einem Freund zusammen in das Büro von Emmy Schipfer zitiert wurde. Sie sprach mit den jungen Herren über ein Mädchen, mit dem kein Junge tanzen wollte. Sie sagte: »Einer von Ihnen bei-

»Hokus-Pokus-Fidibus« – Kostümball am 19. März 1938 im Park Hotel

Aus dem Tagebuch der Inge Ströh: Meine Tanzstunde im Jahre 1937

Freitag, d. 8.10.37
(Zum ersten Male mit Herren).

Noch einen letzten Blick in den Spiegel, da erscheint Frl. Hausa an der Tür: »Bitte, meine Damen, treten Sie ein.«

Eine ist schüchterner als die andere. Aber es muss ja sein. Eine marschiert mutig voran. Die Herren werden mit einem schüchternen Kopfnicken von uns begrüßt. Sie selbst stehen stolz da. »Bitte meine Damen, darf ich Ihnen die Herren vorstellen?«, fragt Frl. Schipfer, und nun beginnen die Komplimente. Die Herren knallen bei ihrer Verbeugung die Hacken zusammen, dass man vor Lachen los schreien möchte. Aber man darf ja nicht, unter keinen Unständen, denn das gehört nicht zur Bildung. Das Kompliment unsererseits geht bedeutend leiser vor sich.

Gleich darauf sollen wir aufgefordert werden. Wir zittern vor Erregung am ganzen Körper, die zitternden Kleider verraten es. Und nun ist der große Augenblick gekommen. Etwas zögernd nahen die Herren. Schon steht einer vor mir, steif wie ein Stock.

»Paris, du bist die schönste Stadt der Welt«, das ist nun der erste Marsch.

Ein bisschen steif, mit wohlbedachten Abstand zwischen Herrn und Dame, schieben wir dahin. Schipfer, Hausa und Herr Reschke haben viel zu verbessern. Es wird zum zweiten Male aufgefordert. Diesmal habe ich einen Kleinen. Die ersten Tanzschritte folgen nun.

Als die Musik aufhört, ertönt der Befehl: »In bunter Reihe sitzen! Unterhaltung, bitte!« Na, das ist nun nicht so einfach. Er sagt nichts, sie sagt nichts, und ein Wort holt das andere. Wenigen Paaren gelingt es. Wir schweigen noch immer. Er denkt krampfhaft nach, was er wohl sagen könnte. Als ihm die Erleuchtung kommt: »Sie sind doch auch aus Gröpelingen?«, ist es schon etwas zu spät. Es wird wieder aufgefordert.

Ich muss mit einem Langen tanzen, der recht gut führen kann. Mit dem gelingt die Unterhaltung danach auch schon besser. Nach mehrfachen Aufforderungen der Herren, folgt Damenwahl!

Ja, wie nun?

Sehen kann ich die Personen nicht genau; denn ich bin ziemlich kurzsichtig. Ich gehe also nur geradeaus, meiner Nase nach. Der Zufall will es, dass ich auf den Gröpelinger zugehe. Na, nun muss ich ihn nehmen. Vielleicht bildet er sich was ein. Aber was schadet das? Nur immer Mut.

Bald ist der reizende Abend zu Ende. Wir glühen alle wie die Alpenrosen und sind durch die Hitze halb betäubt. So kommt es, dass ich die letzten Treppenstufen hinab stolpere, begleitet von dem Ruf eines Jünglings: »Nanu, Fräulein, das gibt doch wohl kein Malheur?«

Die Abendluft draußen gibt uns erst wieder die Besinnung zurück.

☙ ❧

Freitag, d. 15.10.37

Heute sind wir schon weniger zaghaft. Wir schreiten mutig an den Herren vorbei. Kaum sitzen wir, bittet Frl. Hausa die Herren auch schon, dass sie ihre weißen Handschuhe anziehen und uns auffordern.

Sie spreizen die Finger jetzt alle so ulkig auseinander! Ein frisch aussehender Herr kommt auf mich zu, verneigt sich, und schon geht's los.

Zuerst Marsch. Danach führt mich mein Herr in die äußerste Ecke des Saales, so dass ich bei der nächsten Wahl zuerst übersehen werde und nun für einige Sekunden als einziges Mauerblümchen dasitze. Wie peinlich! Doch da naht mein Retter, der Lange vom vorigen Mal, und fordert mich auf.

Die ersten Tanzschritte werden geübt. Unglücklicherweise führt mich mein Kavalier wieder in die dämliche Ecke, und ich bleibe, diesmal allerdings nicht ganz allein, wieder zurück. Ein Bengel, anders kann ich ihn nicht nennen, hat sich noch nicht entschließen können, jetzt entdeckt er mich!

O du lieber Himmel, schon stelzt er mit mir los! Wir wollen Tango tanzen, aber er holpert und stolpert über seine eigenen Beine. Solch einen Stolperhannes habe ich bisher noch nicht erlebt. Es ist eine Qual, ihn überhaupt ein paar Schritte mitzuschleifen! Schließlich macht er noch eine schnodderige Bemerkung; »Ja, Fräulein, das ist man nicht so leicht, das will alles gelernt sein!«

Ob er mir vielleicht die Schuld an seiner Stolperei zuschiebt? Führen kann er überhaupt nicht, er ist widerlich. Nun bin ich endlich erlöst, er führt mich zum Platz.

Ein Herr, mit dem ich voriges Male auch schon getanzt habe, versucht nun mit mir den Rheinländer. Es gelingt uns ziemlich gut, und wir haben beide Freude daran. Rheinländer ist bis jetzt mein liebster Tanz.

»Nun, sind Sie so spät noch für einen Foxtrott aufnahmefähig?«, fragt Frl. Hausa.

Wir bejahen es.

Es ist Damenwahl und ich steuere auf einen ersten jungen Herrn mit Brille los. Foxtrott geht schon recht ordentlich, doch beim Rheinländer nimmt er immer den falschen Fuß, aber er stolpert doch wenigstens nicht! Wieder sind zwei Stunden und ein Tanzabend dahin.

☙ ❧

Sonnabend, den 15.1.38
Der Abtanzball war einfach herrlich, ein Fest wie ein Hofball, so schön. Die vielen Aufführungen der Tanzschule und die ausgezeichnete Stimmung machten das Fest zu einem Erlebnis.

Frl. Hausa war wieder einmal reizend, sie erschien in einem weißen Kleid mit Similiträgern, während Frl. Schipfer schwarz Tüll für sich vorgezogen hatte. Auch sie machte einen eleganten Eindruck.

Für mich persönlich war der Abtanzball jedoch etwas anders, als ich mir vorgestellt. Kattau war ganz freundlich, aber die rechte Stimmung fehlte, wir passten auch nicht recht zueinander. Er tanzte nicht gut, aber es war ja auch so furchtbar voll im großen Saal, so dass man kaum einen Schritt weiter kam.

Das Schönste war für mich, als Suchefort mich zum letzten Tanz aufforderte, bevor ich mit Mamma nach Hause ging. Ein Marsch mit Suchefort, das war doch ein netter Abschluss. Ja, hätte ich mir Suchefort als Tischherrn aussuchten dürfen! Aber er war schon vergeben gewesen, als ich seinen Namen aus findig gemacht hatte. Schade!

Aber das Fest wird mir doch ewig als unübertrefflich in Erinnerung bleiben.

☙ ❧

Diesen Auszug aus ihrem Tagebuch hat Inge Ströh am 22. Februar 1978 »meiner ehem. hochverehrten Tanzstundenlehrerin Frau Inge Hausa nach vielen Jahren gewidmet«.

Oben: Kostümfest 1938, ein Kartenspiel wird nachgestellt
Darunter: Kostümball am 1. April 1933: »Winter ade« – der Sommerfestzug und die »Rondinella rulla«

den muss mit dem Mädchen tanzen, wenn Sie das nicht wollen, sind wir geschiedene Leute!« Heinrich Sander nahm sich daraufhin der jungen Dame an. Er erzählte später: »Sie war grässlich!«

Die Sanders haben in der »Riege« getanzt – und das sehr erfolgreich. »Ich trug ein rotes Seidenkleid!«

Später haben sich Christa und Heinrich Sander als Tanzlehrer ausbilden lassen. Als es aber um die Frage ging, ganz in die Tanzschule der Emmy Schipfer einzusteigen, hatte Heinrich Sander Bedenken. Er war Ingenieur bei Borgward. Das war ihm sicherer. Im Übrigen meinte er: »Tanzen ist für mich ein Ausgleich, ein Spaß. Kein Beruf!«

Immerhin hat Christa Sander noch lange nach dem Krieg bei Schipfer-Hausa Tanzunterricht gegeben. Und selbstverständlich lernten auch ihre Tochter Barbara und die Söhne Michael und Ulrich bei Schipfer-Hausa das Tanzen. Und nicht nur in einem Anfängerkursus.

Einladung zum Maskenball

Während am politischen Horizont die ersten dunklen Kriegswolken aufzogen, setzte sich Inge Hausa hin und schrieb ein Gedicht, das als Einladung zu einem Maskenball am 11. März 1939 im Parkhaus gedacht war. Der Ball stand unter dem Motto »Er« und »Sie«. Freuen wir uns einfach mal über das Gedicht:

Wunderschön auf jeden Fall
Ist ein richt'ger Maskenball!
Wenn auch just zu dieser Frist
Der Kalender anders ist.
Ob das Datum früher fällt
Für den Fasching dieser Welt,
Ringsherum und anderwärts:
Unser Fasching ist im März!
Doch nur so: ein Maskenball?
In dem Tanzschul-Karneval?
Nur ein bisschen Schein und Trug?
Nein, das ist uns nicht genug!
Irgend noch ein Extraspaß,
- schlau versteckt die lange Nas –
Spielfroh, lachfroh, extrafein
Muss noch »Etwas« bei uns sein!
So ein Tüpfchen auf dem i –
Halt wir haben's: »Er« und »Sie«!
Aus der ganzen bunten Schau
Unsrer Riege bestes Paar,
Bleichwehl – Fräulein Wesselkock
Sind zu suchen – Dunnerschock!
Findet sie diskret und leis.
Sekt und Sandwichs sind der Preis.

Kostümball am 1. April 1933: »Winter ade« – »Wir zwei und die Burgbefestigung«

Für den ersten, der gewandt,
Drückt das Blatt in ihre Hand:
»Bleichwehl – und die Unterschrift«
- Drum vergesst nicht Blatt und Stift!
Schaut sie vorher an genau:
»Er« der Mann und »Sie« die Frau.
Und dann stürzt euch ins Gebraus,
Sucht die schönste Maske aus!
Kennt ihr euch? Ach einerlei –
Sinn und Unsinn ziehn vorbei,
Flirt und Lachen, Tanz und Scherz –
Hoch der Fasching Mitte März!

Es war der letzte Faschingsball der Tanzschule Schipfer-Donat vor dem Zweiten Weltkrieg. Der nächste Winterball fand bereits im Krieg statt: am 6. Januar 1940 im Parkhaus. Es sollte der letzte Winterball der Tanzschule Emmy Schipfer-Donat sein. Aber das wusste Emmy Schipfer damals noch nicht.

Das verhängnisvolle Jahr 1940

Das Kriegsjahr 1940 begann verhältnismäßig friedlich. Polen war von den Deutschen überrannt worden. Deutsche Fischdampfer mit Marinesoldaten als Besatzung an Bord kreuzten vor der norwegischen Küste, um unter anderem durch Wetterbeobachtung die Besetzung Norwegens vorzubereiten. In Bremerhaven heulten gelegentlich die Sirenen – englische Flugzeuge kontrollierten die Küste. Sie zogen am wolkenlosen Himmel ihre Bahnen, bestaunt von den Kindern.

In Amerika wurde 1940 Boogie Woogie getanzt. In London fanden die Jitterbug-Meisterschaften statt, und der entsetzte Alex Moore, einer der »Könige« der europäischen Tanzlehrer, meinte, er könne sich allenfalls eine zivilisierte Variante dieses Tanzes vorstellen.

In diesem Jahr 1940 machte Emmy Schipfer einen Fehler. In einem ihrer Kurse berichtete sie

Oben: Die Kinder-Gymnastik-Gruppe von Inge Hausa, 1934 in der Rembertistraße
Unten: Tanzschule Inge Hausa – hier »offiziell«

Daraufhin wurde Emmy Schipfer von einem ihrer Schüler denunziert. Die Hitlerjugend rief zu einem Boykott der Tanzschule Schipfer-Donat auf. Emmy Schipfer erhielt eine Vorladung ins Polizeihaus. Sie wurde von der Gestapo verhört. Man drohte mit dem Konzentrationslager.

Einflussreiche Bremer, die sich für sie verwendeten, verhinderten in dieser Situation das Schlimmste. Aber Emmy Schipfer erhielt Berufsverbot. Sie durfte nicht mehr unterrichten. Auch durfte sie keine Tanzschule mehr führen, worauf sie die Tanzschule ihrer Freundin und Adoptivtochter Inge Hausa übergab. Die Schule wurde offiziell umfirmiert und nannte sich fortan Tanzschule Inge Hausa.

Emmy Schipfer wich nach Berlin aus. Dort wollte sie Psychologie studieren, was aber gar nicht so einfach war.

»Sie müssen erst Medizin studieren«, wurde ihr bei der Einschreibung mitgeteilt. »Medizin?«, fragte Emmy Schipfer. »Wenn Sie jahrzehntelang eine Tanzschule geführt haben, brauchen Sie kein Medizinstudium, um Psychologie zu studieren.«

Emmy Schipfer setzte sich durch und nahm das Studium am Institut für Psychologische Forschung und Psychotherapie auf. Im Jahre 1944 machte sie ihr Diplom mit Auszeichnung – immerhin im Alter von 57 Jahren.

Inge Hausa hielt inzwischen die Stellung in Bremen und führte die Tanzschule im Sinne ihrer mütterlichen Freundin weiter.

Tanzschule Inge Hausa

Aus dieser Zeit, es war Anfang des Jahres 1941, liegt ein Ballbericht aus der nationalsozialistischen Bremer Zeitung vor: »Am Sonntag hatte die Tanzschule Inge Hausa zu einem Ball in der Glocke eingeladen, und der große Saal bot das erfrischende Bild bunten, jugendfrohen Lebens. Die Teilnehmer aller Tanzkurse – und das sind nicht eben wenige! – walzten, foxtrotteten und tangoten nach allen Regeln der Kunst, während Inge Hausa als Leiterin des Festes überall ihre Gäste begrüßte und die Zügel der Festfolge geschickt in der Hand hielt.

Zwischen den allgemein getanzten Tänzen, denen sich alle älteren und jüngeren Kurse mit Begeisterung und Leidenschaft hingaben, zeigten

über ein Erlebnis in der Straßenbahn. Dort nämlich hatte ein Hitlerjunge in Uniform einen Sitzplatz ergattert und offensichtlich nicht daran gedacht, ihn einer älteren Dame anzubieten. Er blieb einfach sitzen.

Emmy Schipfer machte aus ihrem Herzen keine Mördergrube. Sie meinte sinngemäß: Wenn junge Leute in braunen Uniformen in der Straßenbahn nicht aufstehen, um ihren Platz Älteren anzubieten, könne in Deutschland irgendetwas nicht in Ordnung sein, und das wiederum liege am Regime, dass sie – Emmy Schipfer – unter diesen Umständen nicht anzuerkennen in der Lage sei.

einige Schautänze die ausgezeichnete tänzerische Durchbildung der Hausaschen Schule.

Da gab es einen langsamen Walzer, in dem die Riege (etwa zehn bis zwölf Paare) Musikalität und ausgeglichene Eleganz in den Bewegungen zeigte, da gab es eine Foxtrott-Formation, in der vier Paare der Riege, angeordnet in Staffelform, tanzten, da gab es einen flotten, von der Anfänger-Step-Gruppe getanzten Marsch, und da stand im Mittelpunkt des Nachmittags das Turnier, an dem sich aus jedem Kursus das beste Paar beteiligen durfte.

Diesem Turnier schloss sich als Krönung ein von Inge Hausa und Herrn Reschke vorbildlich getanzter Tango an. Auch ein moderner Gruppentanz, ›Sturmvogel‹, der in seiner Art und in seinen getanzten Figuren etwas an die Francaise erinnerte, machte allen Beteiligtem viel Freude.

Als letzte Vorführung gab es ein in reizenden Kostümen bezaubernd getanztes, kleines Ballett, die Tragikomödie ›Das sehr ungetreue Zirrlinchen‹, deren Titelfigur von der jungen Elisabeth Friedenreich sehr graziös getanzt wurde. Ihre beiden, wechselweise begünstigten Liebhaber gaben Diethild Freude und Sonja Strasset als sehr gelenkiger Harlekin und aufrechter, dunkelhaariger Page ebenfalls mit viel tänzerischem Geschick. Auch auf diesem, ins Ballett übergreifenden Gebiet zeigte sich Inge Hausa als schöpferische Choreographin. Nach diesen Vorführungen aber durfte sich die Tanzlust aller ungehindert entfalten.«

Es war jedenfalls so, als sei überhaupt nichts passiert. Tot schweigen – eine Einstellung, die man damals sehr oft und in vielen Situationen erlebte.

In dieser Zeit war es wohl auch, dass Rolf Borchardt die Tanzschule Hausa besuchte. In seinem Buch »Rückblick eines Bremers« schreibt er: »Im Winter 1940/41 nahm ich Tanzstunde bei Inge Schipfer-Hausa an der Contrescarpe. Jeden Montag von 18–20 Uhr übten wir unter entsprechender Anleitung. Langsamer und schneller Walzer, Tango, Foxtrott waren so die Standard-Ausbildung, mit der man auf allen Feten auch bestehen konnte. Nach einiger Zeit habe ich dann auch noch am Donnerstag das Tanzbein schwingen können, da in dem Kurs für eine große Dame ein Herr passender Größe gesucht wurde.

Unser aller Wunsch war es, auch mal die Dame des Herzens nach Hause bringen zu dürfen. Aber daraus ist leider nie etwas geworden. Immer wenn man sich mit der Dame einig war, kam pünktlich zum Ende der Tanzstunde Fliegeralarm, man eilte so schnell es ging zur Straßenbahn, um der Wohnung möglichst nahe zu kommen. So hatten Bernd Ledig und ich uns auch eines Abends verabredet, es mit unseren Flammen zu probieren, da kam Alarm, wir brachten die Damen noch an die Straßenbahn, gingen dann aber des Alarms ungeachtet Richtung Elternhaus, und richtig, an der Schwachhauser Heerstraße kam Entwarnung, wir haben dann im ›Concordia‹ unseren Kummer in Wasserbier ertränkt.«

Georg Reschke und Inge Hausa, 1938

Oben: Ausgelassene Feste trotz harter Zeiten
Unten: Einladung zum Ball in der Glocke

Im Jahre 1981 schrieb Frau Paula Ludwig, geborene Rüsch, aus Detmold einen Brief an Inge Hausa, in dem sie an ihre Tanzstundenzeit im Kriegsjahr 1942 erinnerte. Sie war damals 17 Jahre alt, hatte einen Anfängerkursus besucht und zwei Fortgeschrittenen-Kurse.

Sie schwärmte noch im Nachhinein: Es seien »wunderbare Stunden in der schlimmen Zeit« gewesen. Einen »Abtanzball gab es nicht, aber ein wenig festlich war die letzte Stunde doch durch viele langsame und Wiener Walzer und danach eine Stunde Eisdiele und dann – weil später als sonst zu Hause, eine erboste Mutter. Heute weiß ich, dass es ihre Angst um die Tochter war – damals jedoch hatte ich kein Verständnis für ihre Strenge.«

Und weiter schreibt sie: »Nie vergesse ich, wie mein Tanzherr Herbert mich mit zu Boden riss, als wir den Wiener Walzer lernten. Wir waren wohl ein bisschen zu flott auf dem blanken Parkett. Und Fritz, der lange, wenn er mit mir tanzen wollte, kam er von der ›Herrenseite‹ herüber gerast, ja, tatsächlich gerast, und rutschte die letzten Meter auf den Knien vor mich hin. Ein lustiger, langer Junge. Mir tat der Nacken weh, wollte ich ihm beim Tanzen ins Gesicht sehen. Schöne Erinnerungen an heitere, ja, auch romantische Stunden, in einer harten Zeit, in der wir jungen Leute nur marschierten und nur Einsatz für den Krieg und straffe Erziehung kannten.«

Herren wurden Mangelware

Die Damen waren während des Krieges in den Tanzstunden stets in der Überzahl, so dass Ingrid Mann, die im Herbst 1942 einen Tanzkursus bei Inge Hausa besuchte, einmal spaßeshalber die Herren durchzählte. Es war nur einer.

Aber Inge Hausa wusste sich zu helfen. Sie wandte sich an Heimaturlauber, die schon einmal bei Emmy Schipfer Tanzunterricht gehabt hatten. Damals musste Ingrid Mann den Kurs vorzeitig abbrechen, denn sie hatte sich zur Kinderlandverschickung gemeldet, an der ihr Jahrgang (1927) als einziger Jahrgang, der nicht mehr der Schulpflicht unterlag, auf freiwilliger Basis teilnehmen durfte. Ingrid Mann hat den Tanzkursus im Jahre 1950 nachgeholt und bei der Gelegenheit ihren Mann kennen gelernt.

Hanna Coldewe erinnert sich gern an das Weihnachtsfest des Jahres 1942. Damals lag ein Gutschein für den im Januar 1943 beginnenden Anfängerkursus der Tanzschule Inge Hausa auf dem Gabentisch.

Und dann war es tatsächlich so weit. Hanna Coldewe »stand mit zitternden Knien vor dem Haus Contrescarpe Nr. 10, bis mein Mut mir sagte: Nun hinein!« Die Garderobe war unten. Der Tanzsaal oben. »Die Herren in weißen Handschuhen standen uns gegenüber. Zuerst gab es das so genannte Etikette-Training, bis die Herren uns auffordern durften.«

»Rheinländer« in Luftwaffenhelfer-Uniform

Soldaten waren sie ja noch nicht. Aber eine Flak durften sie bedienen, eine Fliegerabwehrkanone. Und Tanzkursus hatten sie auch. Das alles zusammen liegt gut verwahrt im Erinnerungsschatz des Bremers Helmut Budelmann aus der Hudemühler Straße.

Gleichzeitig wird mit der folgenden Geschichte ein weitgehend unbekannter Abschnitt aus der Geschichte der Tanzschule Schipfer-Hausa geschildert. Helmut Budelmann erzählt: »Als Schüler der Oberschule am Doventor wurde ich mit der gesamten Klasse am 15. Februar 1943 zum Dienst als Luftwaffenhelfer bei der Flakbatterie im Blockland verpflichtet.«

Wie es damals so üblich war, wurde der Schulunterricht von den Lehrern in den Räumen der Batterie fortgeführt. Es war, wie man sich denken kann, ein Schmalspur-Unterricht, denn wichtiger waren die militärischen Unterweisungen: Der Dienst an Messgeräten und Geschützen, was ja auch gelernt werden musste. Nicht jeder kommt als perfekter Krieger auf die Welt. Jedenfalls blieb für die 16- und 17-jährigen jungen Leute kaum Freizeit. Doch Budelmann und seine Klassenkameraden hatten Glück mit ihrem Batteriechef. Der zeigte viel Verständnis, als »wir um Sonderurlaub zur Teilnahme an einem Tanzkursus baten«.

Budelmann: »So sind meine Klassenkameraden und ich zur Tanzschule Schipfer-Hausa gekommen. Der Unterricht fand jeweils an einem bestimmten Nachmittag in der Woche statt.«

Ob die feindlichen Luftverbände darauf Rücksicht genommen haben, darf bezweifelt werden. So verständnisvoll wie der Batteriechef waren die Alliierten nicht.

Budelmann weiß auch nicht, »ob die Einsatzbereitschaft der Batterie wegen unseres Fehlens geschwächt war«. Aber, so schreibt er: »Die Erinnerung an die schönen Stunden in der sonst so unseligen Zeit sind bei uns rege geblieben und häufig noch Thema bei unsere Klassentreffen.«

Aus dem Fundus der Bilder aus jener Zeit blieben Budelmann nur wenige erhalten. Einige dieser Bilder zeigen, wie die jungen Flakhelfer einen am Vortag erlernten »Rheinländern« auf dem Gelände der Batterie während einer Dienstpause übten, um »uns bei den Tanzdamen als gute Tänzer zu zeigen«.

Helmut Budelmann und seine Kameraden beim Rheinländer-Üben während der Dienstzeit

Herren wurden Mangelware

Hanna Coldewe: »Dann hieß es Schritt, Schritt, Wechselschritt. Oder der Tango: Schritt, Schritt, Wiegeschritt. O, war das alles aufregend.«

Die Bremerin aus der Thedinghauser Straße erinnert sich weiter: »Der erste Kurs war beendet, der zweite und der dritte Kurs schlossen sich an. Leider immer ohne großen Abschlussball in rauschenden Kleidern, sondern in der Tanzschule mit selbst gebackenen Plätzchen und Limo oder Heißgetränk. Dann und wann schaute Frau Schipfer mal rauf im flatternden Gewand. Das fand ich immer sehr aufregend.

Mit der Zeit bildete sich dann der so genannte harte Kern. Wir unternahmen kleine Ausflüge, etwa mit dem Jan Reiners nach Lilienthal zu Murkens Gasthof, den wir gleich in ›Gurkens-Masthof‹ umtauften. Oder wir fuhren mit der Eisenbahn, wenn sie fuhr, nach Bookholzberg. Es war ja Krieg, und bei Bombenalarm mussten wir schnell improvisieren.

Leider fehlte in fast jeder Stunde einer der uns lieb gewordenen Tänzer. Eingezogen zum Militär. Wir Mädels hielten aber immer fest zusammen und belegten einen Step-Kursus, bis auch wir auseinander gehen mussten. Die eine musste zum Arbeitsdienst, die andere zum Kriegshilfsdienst, die dritte zur Flak. Was blieb, war die Feldpost, bis auch die weniger wurde. Die Briefe erreichten die Empfänger nicht mehr, und so manch einer unserer Tänzer ist im Krieg geblieben.

Wenn es auch eine schreckliche Zeit war – die Kurse bei Inge Hausa möchte ich nicht missen. Wir haben auch viel gelacht – sozusagen auf Vorrat. Denn die Jahre, die vor uns lagen, waren schrecklich.«

Bei der Lektüre dieses Briefes erfahren wir, dass Emmy Schipfer trotz ihres Berufsverbots nicht aus der Welt war. Während der Semesterferien blieb sie nicht in Berlin, sondern kam zurück nach Bremen, wo sie auch in den Kursen gelegentlich nach dem Rechten sah.

In jener Zeit, 1942/43, wurde in Hamburg eine Gruppe von 60 Jugendlichen in so genannte Schutzhaft genommen. Die jungen Leute hatten eine »Session« veranstaltet. Sie waren dabei vom HJ-Steifendienst kontrolliert worden und hatten die Uniformierten verprügelt.

In der Haft wurde weiter »geswingt«, was sich die SS nicht gefallen ließ. Einige »Rädelsführer« der »Swing-Heinis«, die sich durch lange Haare von den kurz geschorenen Hitlerjungen absetzten, wurden in das Jugend-KZ Moringen gebracht.

Im Widerspruch dazu sendete die reichseigene Deutsche Welle (Auslandssender) Swing-Musik, gespielt von »Charly's Orchestra«.

Für Inge Hausa wurde es immer schwerer den Tanzschulbetrieb aufrecht zu erhalten. Herren waren Mangelware. Hinzu kam, dass das Haus Contrescarpe Nr. 10 von einer Luftmine getroffen wurde. Im Nachhinein nahm es Inge Hausa mit Humor. Über den Zustand des Hauses meinte sie: »Die Bäume waren drin, die Möbel draußen!«

Die ersten Jahre nach dem Zweiten Weltkrieg

Der Zweite Weltkrieg war zu Ende, Europa kaputt, die Deutschen waren hoffnungslos.

Emmy Schipfer kehrte endgültig nach Bremen zurück. Sie war inzwischen 58 Jahre alt geworden. Doch das kümmerte sie nicht. »Was willst du?«, fragte sie sich. »Du hast doch eben erst studiert. Und wer studiert hat, steht am Anfang seines beruflichen Lebensweges.«

Und tatsächlich: Wieder, wie so oft in ihrem Leben, begann sie von vorn. Zusammen mit ihrer Freundin Inge Hausa nahm sie die Arbeit in der Tanzschule Schipfer-Hausa, wie die Schule jetzt firmierte, auf. Die Tanzkurse begannen und es waren ungewöhnliche Kurse. Es kamen junge Leute, die an der Front um Jahre ihres Lebens betrogen worden waren, und die nun nachholen wollten, was sie versäumt hatten. Es kamen Kriegsversehrte, für die besondere Kurse eingerichtet wurden. Es waren junge Männer, denen ein Arm oder ein Bein amputiert worden war, die im Krieg das Augenlicht verloren hatten, die sich mit allen möglichen anderen Kriegsverletzungen quälen mussten – und die nun bei Musik und Tanz wieder Hoffnung schöpften.

Der Winter 1946/47 war besonders schlimm. Zum Hunger kam klirrende Kälte. Kohlen gab es so gut wie gar nicht. In den Wohnungen, die sich häufig mehrere Familien teilen mussten, standen so genannte Brennhexen, kleine Öfen, die alles »fraßen«, was man ihnen vorsetzte. Sie waren ausgestattet mit langen Ofenrohren, die durch eines der in vielen Fällen noch beschädigten Fenster nach draußen ragten.

Dr. Walter Kuhlmann erzählt: »Wir hatten unser Haus in der heutigen Spitta-Allee für die Amerikaner räumen müssen. 1946 wohnten wir in der Praxis meines Vaters. Es war eine Notpraxis im Haus der Ärzte in der Kohlhökerstraße.« Er erinnert sich auch an den schrecklichen Winter 46/47. »Es war ein kalter Winter, und zur Tanzstunde bei Schipfer-Hausa mussten wir einen Brikett mitbringen, verpackt in einer Zeitung – das war dann doppeltes Heizmaterial.

Emmy Schipfer saß im Saal auf der Empore. Dort standen auch der Ofen und der Plattenspieler. Im Souterrain des Hauses fand der Anstandsunterricht statt. Wenn Emmy Schipfer eintrat ließ

Ball 1949: Stolz präsentieren sich die drei in ihren selbstgemachten Ballkleidern – das linke Kleid bestand aus Rollostoff, der türkis eingefärbt wurde

Abtanzball in den »Centralhallen« in Hemelingen, 1948

Abtanzball 1948: Der Tanzlehrertisch

Abtanzball im Borgfelder Landhaus, März 1949

Abtanzball im Borgfelder Landhaus, März 1949

sie wie zufällig ihr Taschentuch fallen, außerdem ließ sie die Tür offen stehen. Wehe, wenn keiner der männlichen Schüler aufmerksam genug war, das Taschentuch aufzuheben und die Türe zu schließen.«

Zum Abtanzball in der Gaststätte »Schorf« in Horn-Lehe hatte ihm ein Nachbar einen blauschwarzen Samtanzug geliehen. Leider waren die Hosen zu lang. Er musste Hosenträger tragen, die aber wiederum zu kurz waren. Mit Hilfe von Bindfäden wurde das Problem gelöst. Man sah es ja nicht.

Zu jener Zeit kam der Tanzlehrer Georg Reschke aus der Kriegsgefangenschaft zurück.

Über Inge Hausa erzählt Kuhlmann, dass sie eine sehr energische Person gewesen sei. Das sei ihm erst richtig aufgefallen, als er sie einmal als Patientin hatte. Sie sollte geröntgt werden, war aber nicht bereit, dabei auf die Gesellschaft ihres Hundes, »das war so ein kleiner«, zu verzichten. Er musste mit ins Sprechzimmer, und er wurde auch mit geröntgt. Kuhlmann: »Meine Mitarbeiterinnen waren entsetzt. Aber es nützte alles nichts.«

Kuhlmann hat später noch einmal mit seiner Frau einen Ehepaarkursus besucht. Und weil er nicht gut tanzen konnte, hat er die Angelegenheit sozusagen wissenschaftlich gelöst. Er »baute« sich kleine Schuhe aus Pappe, die er auf einem Blatt Papier hin und her schieben konnte.

Mit der Kohlenknappheit im Winter 1946/47 hängen auch Reinhard Groscurths und Rolf Rockmanns Erinnerungen an ihre erste Tanzstunde bei Schipfer-Hausa zusammen.

Reinhard Groscurth musste – wie alle im Kursus – zwei Stück Holz oder zwei Briketts mitbringen. »Das scheiterte manchmal nicht an unserer Vergesslichkeit, sondern daran, dass wir es nicht wagten, aus dem winzigen Vorrat zu Hause etwas zu entwenden, was dann den jüngeren Geschwistern fehlte. Wenn nun gar zu wenig mitgebracht worden war, hielt die alte Dame zu Beginn der ›Benimm-Regeln‹ eine moralische Ansprache über die fehlende Unterstützung. Im Übrigen: Selbst wenn fast alle etwas abgeliefert hatten, war der große Saal höchstens verschlagen. Auch deswegen gab es in der kalten Jahreszeit zum Abschluss immer ein oder zwei schnelle Walzer, damit wir noch einmal warm wurden.«

Rockmann erzählt: »Da nur die Hälfte der wenigen nicht kriegszerstörten Schulen notdürftig beheizt wurden, hatten wir umschichtig vor- und nachmittags Unterricht. Das bedeutete, dass die Tanzstundenteilnehmer aus der Neustadt jede zweite Woche sofort nach Schulschluss über die hölzernen Planken der ›Memorial Bridge‹ die Weser überquerten und zur Contrescarpe hasteten. Dort erzählte uns eines Abends Emmy Schipfer, dass sie glücklich wäre, gerade eine Ladung Kohlen vor die Tür bekommen zu haben. Sie bat die Herren, formvollendet, wie es ihrem Anstandsunterricht entsprach, die Kohlen doch erst einmal in den Keller zu schleppen, bevor die Stunde begann.«

Rote Röcke aus Fahnentuch

Rockmann erinnert sich auch an den Abtanzball in der Gaststätte »Schorf«. Die Herren trugen geliehene Anzüge, umgearbeitete Anzüge ihrer im Krieg gefallenen Väter oder die viel zu klein geratenen Konfirmationsanzüge.

Abtanzball am 1. April 1949: das Turnierpaar Horst Munck und Inge Ohlmeyer

Ganz was Feines konnte sich ein Tanzschüler leisten, der in der Erinnerung von Rockmann allerdings keine Rolle spielt. Rockmann kann ihn nicht kennen.

Die Mutter dieses Tanzschülers hatte noch einen Anzugsstoff liegen gehabt, der für den Vater bestimmt gewesen war. Doch der Vater brauchte ihn nicht mehr. Er war gefallen. Der Anzugstoff wurde zu einem älteren Schneidermeister gebracht, der sich im Laufe seines Berufslebens im Wesentlichen auf die Bäuche seiner vor allem älteren und gut situierten Kunden eingestellt hatte.

Dieser Schneidermeister nähte in das Sakko des jungen und gertenschlanken Mannes ebenfalls einen Bauch – vielleicht auch in dem Glauben, dass der junge Mann ohnehin bald heiraten und unter der Pflege seiner jungen Frau irgendwann einen Bauch bekommen werde. Der junge Mann hat diese »Vorratshaltung« ohne Protest hingenommen. Es war ja sowieso nichts mehr zu ändern.

Rolf Rockmann erinnert sich vor allem noch an die roten Blusen und Röcke der jungen Damen. Diese meistens etwas durchsichtigen Kleidungsstücke waren von den Müttern aus Fahnentuch genäht worden. Denn die Hakenkreuzfahnen brauchte man nicht mehr.

Dummerweise bestand die Nationalflagge im Dritten Reich nicht nur aus einem roten Tuch, sondern auch aus einem schwarzen Hakenkreuz auf weißem, rundem Feld. Und dieses Feld mit dem Hakenkreuz musste von dem roten Tuch abgetrennt werden. Das ging im Allgemeinen ganz gut.

Was dabei nicht bedacht wurde: Die Fahnen mussten ja in ihrer aktiven Zeit alle naselang zum Fenster hinaus gehängt werden. Gründe dafür gab es immer. Das allerdings hatte sich auf das Rot bleichend ausgewirkt. Nur die Stellen, wo sich das runde weiße Feld mit dem Hakenkreuz befunden hatte, zeigte das ursprüngliche »fabrikneue« Rot.

Geschickte Mütter ließen das dunklere Rot irgendwie verschwinden. Ungeschickte ließen die Sache auf sich beruhen, so dass sich ihre Töchter mit einem runden Placken auf dem Rücken oder am Busen präsentierten.

Rockmann: »Wir haben das alles mit Humor genommen und uns den Tanzstundenspaß nicht verderben lassen.«

Tanzschüler G. mit seinem feinen neuen Anzug – im Sakko genug Platz zum Reinwachsen für den Bauch

Die »Einstein«-Schüler aus Potsdam

Das ganze Leben der Emmy Schipfer wird dadurch geprägt, dass sie stets bereit war, öffentliche Aufgaben zu übernehmen. So gehörte sie zu den Mitbegründerinnen des heutigen Allgemeinen Deutschen Tanzlehrerverbandes (ADTV). Sie setzte sich vor allem für eine umfassendere pädagogische Ausbildung der Tanzlehrer ein. Und sie war zusammen mit Inge Hausa stets auch engagiert, wenn es galt Gutes zu tun. Das zeigt die Geschichte mit den »Einstein-Schülern«.

Im Sommer des Jahres 1950 berichtete die westdeutsche Presse von einer kompletten Unterprima der Einstein-Schule in Potsdam (DDR), die bei Nacht und Nebel aus dem sozialistischen Deutschland nach West-Berlin geflohen war, weil die Schüler und zwei Lehrer fürchteten, verhaftet zu werden. Eine Kommission des Volksbildungsministeriums hatte an ihrer Oberschule konterrevolutionäre Umtriebe ausgemacht.

Von dieser Flucht erfuhren auch Bremer Teilnehmer eines in West-Berlin tagenden Jugendkongresses. Waltraud Irmgard, geborene Schloo, erinnerte sich in einem Gespräch mit dem Redakteur Peter Groth von den Bremer Tageszeitungen, dass sie damals als Schulsprecherin des Gymnasiums Kleine Helle in Bremen Delegierte war und zusammen mit den Delegierten anderer Bremer Gymnasien beschloss, die Einstein-Schüler nach Bremen zu holen.

Groth: »Mit tatkräftiger Unterstützung von Bürgermeister Wilhelm Kaisen und nach einer Spendensammlung – über 1000 Jungen und Mädchen schwärmten aus und sammelten 4800 Mark – kamen die 25 Potsdamer nach Bremen. Sie wurden hier bei Familien untergebracht, an der Oberschule im Westen, dem heutigen Schulzentrum Waller Ring, in eine Extra-Klasse aufgenommen und legten dort im September 1951 ihr Abitur ab.«

Von Christiane Groscurth wissen wir, dass sie 1950/51 zu einer Gruppe von Mädchen gehörte, die mit den »Einstein-Schülern« Tanzstunde gehabt hat. Die Damen Schipfer und Hausa hatten damals der ganzen Klasse aus Potsdam einen kostenlosen Tanzkursus ermöglicht.

Pilotenschein für Emmy

Ein Jahr vorher besuchte Walter Blumenberg die Tanzschule Schipfer-Hausa, der er bis 1952 die Treue hielt. Er berichtet: »Da saß sie dann, die große alte Dame Schipfer-Hausa. Kerzengrade. Würde pur. Etwas erhöht, auf einem Podest am Ende des langen Saales, direkt neben dem Plattenteller, beobachtete sie das Geschehen unter sich, während unser Trainer Georg Reschke und die junge Frau Hausa sich abmühten, uns neue Schrittfolgen beizubringen.

Zaghafte ermunterte sie mit einem freundlichen Lächeln, allzu Dreiste pflegte sie mit einem leichten Hochziehen der Augenbrauen zu bremsen. Sie mischte sich nur selten ein. Wenn aber, dann in der Form vollendet, freundlich und eindringlich, ohne aufdringlich zu sein. Die große Dame Schipfer-Hausa prägte nicht nur den Stil des Hauses. Sie war der Stil des Hauses.

Einblicke in ihre Person ließ sie nur ganz selten zu. Sie umgab sich mit den Konventionen des gesellschaftlichen Umgangs, in denen sie auch uns junge Leute unterwies. Dahinter verbarg sich jedoch eine ganz eigenwillige, willensstarke und unabhängige Persönlichkeit.

So geschah es an einem Sonntagmorgen: Trainer Reschke hatte uns zu Gymnastikübungen verdonnert, um uns von unserem ›Hohlkreuz‹

Emmy und ihre beiden Mäuse

zu befreien. Das sei gut für unsere Haltung, und im Übrigen sei ein Hohlkreuz auch der Gesundheit abträglich. Und während wir uns schwitzend und schnaufend am Boden wanden, erschien Madame leicht beschwingten Schrittes in einem sehr sportlichen Outfit.

Es war nicht zu fassen! Wir waren verblüfft ob dieser Wandlung, mehr noch aber, als sie uns erklärte, sie habe gleich eine Flugstunde, weil sie dabei sei, ihren Pilotenschein zu machen. Das war zur damaligen Zeit, etwa 1950, ganz ungewöhnlich für eine Frau, noch dazu in ihrem Alter, denn sie hatte die 60 wohl schon überschritten.

Im Herbst 1952 verbrachte ich die Semesterferien bei meinen Eltern in Bremen und versuchte, mein Budget durch Gelegenheitsjobs aufzubessern, meist einfache Aushilfsarbeiten wie Möbelpacken, Teppich klopfen und Ähnliches, mehr war in Bremen nicht möglich.

Eines Tages bekam ich vom Studentenwerk den Auftrag, Eierbriketts, die die Kohlenhändler oft einfach vor die Haustür schütteten, von der Straße in den Keller zu bringen. Und dies ausgerechnet vor dem Privathaus der Schipfer-Hausas.

Ich war dabei, staubverdreckt und schwitzend, Kohlen zu schaufeln, als Madame aus dem Hause trat. Zugegeben, ich war etwas geniert, kannte sie mich doch sonst nur im besten Anzug, mit geputzten Schuhen und gekämmten Haaren.

Doch souverän, wie sie war, überspielte sie meine Verlegenheit, und wir hatten einen ergiebigen Smalltalk. Sie im feinen Ausgehmantel. Ich auf meine Kohlenschaufel gestützt.

Da plötzlich guckte aus ihrem Mantel eine kleine weiße Maus hervor, schnupperte, krabbelte auf den Kragen, dann auf die Schulter. Ich war ziemlich verdutzt und machte sie höflich auf das Tier aufmerksam.

Nein, nein, meinte sie, das sei ganz in Ordnung. Sie nehme ihre Maus oft mal in die Stadt mit. Es mache ihr unheimlich Spaß, die Reaktionen der Leute zu beobachten.

War das nun die Psychologin und Psychotherapeutin, die sie ja von Haus aus war? Oder aber der stille Protest gegen die hanseatische Betulichkeit, die sie ja ansonsten mit ihrer Tanzschule bediente? Mut war es auf jeden Fall.«

Umgangsformen

Emmy Schipfer-Donat hat im Juni 1949 in Bad Kissingen vor Tanzlehrern einen Vortrag gehalten. Es war »ein kleiner Wegweiser für den Tanzerzieher von heute«. In diesem Vortrag beschäftigte sie sich auch mit den Umfangsformen, ein Thema, dass Emmy Schipfer immer sehr am Herzen gelegen hat.

Aber lassen wir sie selbst sprechen: »In jeder Tanzstunde wird nur ein Thema besprochen und möglichst einfach durch unmittelbares Vormachen demonstriert.

Grußformen werden in Beispiel und Gegenbeispiel gezeigt. Es kommt an auf freies, natürliches aber liebenswürdiges Sich geben. Bei der Weiblichkeit ist zu achten auf den Übergang vom Knicks zum Kopfneigen; bei der Männlichkeit darauf, dass der Hut mit jener Hand abgenommen wird, die dem zu Grüßenden abgewandt ist, damit das Gesicht beim Hut schwenken nicht bedeckt wird. Kein bekniffenes und ängstliches Gesicht machen. Bei mehreren Begegnenden wird die Respektsperson gegrüßt, Begleiter grüßen aber stets mit Händen aus den Taschen: Nur im Muff dürfen die Hände beim Gruß bleiben.

Auffordern: Es ist wesentlich, dass jeder Tanzstundenteilnehmer seinen Sitzplatz und neben seiner Partnerin in den Tanzpausen Gelegenheit zur Unterhaltung und Kontaktfindung hat. Und zwar im übersichtlichen Raum. Nicht in ›lauschigen Ecken‹.

Das Zeremoniell des Aufforderns wird vorgemacht, sofort praktisch geübt (d.h. gleich zu den ersten Vorübungen wird paarweise angetreten, auch wenn dann einzeln geübt wird) und gleich von Anfang an wird es als gegeben und natürlich angesehen, dass taktvoll gewählt wird.

In den Sitzpausen weder wirres Geschwätz noch stures Verstummen aufkommen lassen! Mit dem Lehrer und durch Hilfe des Lehrers kann sofort der richtige Ton geschaffen werden: Ungezwungene Heiterkeit, die in guten Grenzen bleibt und der Jugend gibt, was sie braucht, sowohl Anspannung wie Entspannung, kennen lernen, langsames Überwinden von Hemmung.

Die Erziehung zum ›Damenwechseln‹ geschieht besser als durch befehlsmäßiges ›Vorrücken um einen Platz!‹, wenn von der ersten Stunde an die Herren sich durch Abschiedsverbeugungen und ›danke sehr‹ von ihrer rechten Nachbarin verabschieden und zu einer anderen in freier Wahl hinüberwechseln.

Die kleine Aufforderungs- und Verabschiedungsgeste von ›Bitte‹ und ›Danke‹ lernt aber kein noch so artiger Schüler, wenn der Lehrer selbst seine Form vernachlässigt. Wenn er z.B. mit abgewandtem Gesicht und gebieterisch ausgestreckter Hand hinter sich nach der Partnerin greift (auch bei der eigenen Gattin!), sie ohne die leiseste Geste des Aufforderns und Danks vor sich hin und wieder von sich wegstellt, sie nur zu einer Demonstrationsergänzung abstempelnd. ›Tue nach meinen Worten, aber nicht nach meinen Werken‹ ist im Tanzunterricht gefährlich, wo alles am Vorbild hängt.

Pünktlichkeit ist eine königliche Tugend

Wort halten. Die Schülerliste am Anfang des Unterrichts jeweils zu verlesen verfolgt doppelten Zweck: die Anwesenheit festzustellen und das gegenseitige Einprägen der Namen. Jeder Einzelne muss sich gesehen, gemeint oder vermisst fühlen. Bei unentschuldigtem Fortbleiben liegt das Thema nahe: Jede Abmachung, jede Verabredung oder Verpflichtung ist peinlich einzuhalten!

Als Volk wie als Einzelner ist das Prestige empfindlich gefährdet, wenn man als »unsicherer Kantonist« gilt. Pünktlichkeit und ehrenhaftes Wort halten bleibt auch in einer Republik noch eine königliche Tugend! Wo die Verhinderung unvermeidbar ist, Absagen oder Entschuldigen, und zwar so rechtzeitig wie möglich.

Auch hier muss der Lehrer Vorbild sein: Hat er – der Lehrer – etwas verfehlt oder konnte er es in einem Ausnahmenfall nicht vermeiden, unpünktlich zu sein, dann nicht nur den Fall erklären, sondern sich in aller Form auch bei dem jüngsten Kursus entschuldigen. Ebenso wenn sich der Lehrer geirrt hat, den Irrtum berichtigen, einen Fehler wieder gut machen. Das vorbildliche Verhalten in diesem Falle wirkt tiefer als 20 gute Ermahnungen.

Keine Phrasen im Schriftverkehr

Korrespondenz. Unterlässt der Schüler eine schriftliche Entschuldigung, so weniger aus echtem Zeitmangel als aus Unkenntnis der Form. Daher ist es wichtig, die Regeln für den Schriftverkehr kurz und bündig zu erklären, um dem Schüler Sicherheit dafür zu geben.

Der Inhalt des Schreibens bleibt dem Schreiber überlassen, er sollte so echt und phrasenlos wie möglich sein. Jede Zuschrift ist erfreulich, wenn sie der Persönlichkeit des Schreibers entspricht, Überschrift und Unterschrift freilich unterliegen heute noch einem festen Gesetz, das sich leicht merken lässt:

Ganz allgemein wenn man der Jüngere ist, ›Geehrter Herr ...‹, ›Verehrte Frau oder Fräulein ...‹. Ob man dann »sehr geehrt« oder »sehr verehrt« schreibt, ist persönlich zu entscheiden. Die Unterschrift hat ein ähnliches Gesetz. »Freundlich grüßen« kann man nur Gleichgestellte oder im Respektsgrad Tieferstehende, also jüngere.

Respektspersonen kann man auch mündlich keinen »schönen Gruß« bestellen, man kann sich ihnen nur empfehlen lassen. Bei Respektspersonen die Unterschrift immer mit einer Ergebenheitsformel verbinden. Es gibt da unendliche Abwandlungen. Aber ›Hochachtend‹ bitte nur im Geschäftsverkehr.

Ritterlichkeit im Theater

Theater, Kino. Der Kavalier (oder die Tochter für die Mutter) hat das lästige Anstehen mit der Garderobe zu erdulden und die Garderobennummer in Verwahrung zu nehmen. Die Theatervorräume und Sitzreihen sind großenteils noch behelfsmäßig beengt – günstige Gelegenheit, hilfsbereite Ritterlichkeit aufmerksam zu üben. Aber bei den Hausgenossen, bei Mutter und Großmutter, damit anfangen!

Wenn der Schüler immer von neuem auf das Grundgesetz aller Umgangsformen hingewiesen wird, lernt er allmählich, sich in überraschenden Situationen auf seinen inneren Takt zu verlassen und nicht mehr ›umzufallen‹.

Äpfel dürfen aus der Hand gegessen werden

Das gilt erst recht bei den Tischsitten. Das schöne Vokabularium über Tischdecken, Herumreichen, Gläser und Besteck etc. bleibt graue Theorie, wenn das innerste Wesen einer Familienmahlzeit nicht verstanden wird. Die Mahlzeit sollte der vereinende Ruhepunkt des Tages sein – die die Mühe des Kochens und Sorgens trägt, muss den Vorzugsplatz am Tisch haben. Der beste Stuhl muss für sie bereit sein, es hat sich niemand zu setzen, bis sie Platz genommen hat.

Jeder am Tisch hilft, hilft auch beim Hereintragen, damit alles bald bereit und versammelt ist, Bedienende sind selten geworden. Es ist immer noch Knappheit, entweder an Marken oder Geld, und es wird wohl noch länger so bleiben.

Die Sorge, dass die Hausfrau ihren Teil an der Mahlzeit wirklich bekommt und nicht »appetitlos« spielt aus Sorge für die anderen, muss allen Tischgenossen wichtig und gegenwärtig sein. Weiterreichen, mit dem Essen warten, bis alle bedient sind, sich dem Essentempo der Tischgemeinschaft anschließen.

Früher durfte während der Mahlzeit nicht aufgestanden werden, es wurde dem Serviermädchen geklingelt. Sehr schön, wenn das schon wieder so ist! Aber vor einem größeren Kursus nichts dergleichen voraussetzen, gute Sitte kommt von innen, aus dem Herzen, nicht aus dem Portemonnaie.

Es gibt veraltete Tischgesetze, die zum alten Eisen kommen, z.B. dass Apfel und Birne erst geviertelt und dann geschält werden müssen. Man darf getrost eine saubere Frucht ungeschält, hal-

Georg Reschke und Inge Hausa beim Tanzunterricht

biert oder sogar ganz aus der Hand essen, es muss nur ästhetisch bleiben.

Dass Kartoffeln, zarte Gemüse, Klöße, Saures etc. durch die Berührung mit Stahlmesser, ebenso wie Fisch, im Geschmack verdorben werden, verpönte das Messer generell von diesen Speisen, so dass man z.B. immer noch befremdet ist, wenn ein wohlerzogener Moderner den knusprigen Kartoffelpuffer getrost mit dem Nirosta-Messer bändigt.

Man ist heute natürlicher, einfacher den täglichen Dingen des Lebens gegenüber. Sitzt man an fremdem Tisch neuen Gerichten oder ungewohnten Tischsitten gegenüber, so fragt man unbefangen, guckt freimütig ab und macht bestmöglich mit. Isst ein Fremder an unserem Tisch, so decken wir taktvoll seine evt. Unkenntnis unserer Gepflogenheiten.

Sich zieren oder viel nötigen ist veraltete Lästigkeit bei Gastereien. Ein Beispiel von modernem Takt: Ein europäischer Souverän hatte Inder zu Gast, deren Kaste Alkohol verbietet. Sie tranken nichts zu den Speisen, dafür endlich umso erleichterter das Wasser der – Fingerschalen beim Dessert. Der Gastgeber bemerkte es, hob sogleich auch seine Fingerschale zum Munde, was von den taktvollsten seiner europäischen Gäste mitgemacht wurde, um den Fremden den Sinn der Fingerschalen und somit jede Beschämung vorzuenthalten.

Ein heikles Thema: Einladungen

Einladungen sind ein heikles Thema, gerade darum ist es wichtig für die Tanzstundenerziehung, darüber zu sprechen. Wenn die Jugend nur die Gelegenheiten der Familie wahrnimmt, nur im Schutz der Elterngepflogenheiten, dann steht sie unsicher den Anforderungen des Erwachsenenseins gegenüber.

Die Eltern ihrerseits empfinden die kleinen Jugendfestlichkeiten meist als lästig, ›die Kinder können mit so was ja noch warten‹. Je später man aber ›so was‹ lernt, desto befangener steht man der Situation gegenüber.

Gerade in der ersten Tanzstunde lernt es sich am leichtesten, mit modernen, bescheidenen Mitteln einzuladen und sich als Gast wie als Gastgeber richtig zu benehmen. Wenn die Kinder den Eltern ihr Verständnis für alle Einschränkungen unseres Daseins beweisen, bekommen die Eltern Mut zu der Lästigkeit solcher Jugendgesellschaft.

Ob mündlich oder schriftlich eingeladen, es muss sofort dankend geantwortet werden. Picknick-Charakter – also Beisteuer zur Bewirtung – kann in schicklicher Form mit den Eingeladenen besprochen oder von den Geladenen angeboten werden. Nicht der Aufwand des kulinarisch Gebotenen bestimmt den Wert einer Feier. Ebenso kann Hilfe zum Vorbereiten angeboten werden.

Das Einst und Jetzt wird in der Tanzstunde unbefangen verglichen und besprochen. Auch alle bisher behandelten Umgangsformen werden im Schatten dieses wichtigen Ereignisses wiederholt: Richtig begrüßen, noch mal bei der Dame des Hauses bedanken, Tischsitten beachten, für alle Handreichungen aufmerksam sein, Heiterkeit im rechten Maß ohne lästig zu lärmen. Mit sämtlichen Damen tanzen, auch und betont mit der Hausfrau.

Die Jugendgesellschaft kann nicht ›nur unter uns‹ gestartet werden, die Mutter muss dabei bleiben. Gerade an solchen Punkten scheidet sich gute Sitte von missverstandenem Nur-Modern-Sein-Wollen. Es muss der Mutter aber auch von den Gästen amüsant gemacht werden, sie muss einbezogen werden, evtl. mit einer kleinen Dankesansprache geehrt werden. Wenig rauchen, unter dem kalten Hecht leidet hinterher nicht nur die Familie, auch die Nachbarschaft in herrschender Wohnenge.

Wenn nicht das Ende der kleinen Feier präzise bekannt gegeben ist, muss die Zeit erfragt und gewissenhaft eingehalten werden, – selbst wenn die Hausfrau zum Bleiben nötigt – die Nachbarn murren sonst am nächsten Tag.

Zehn Minuten vor dem Ende sollten sich die Herren zum Räumen zur Verfügung stellen. Früher war das Schlafzimmer bei Festlichkeiten höchstens zusätzliche Garderobenablage, heute wird es manchmal als Tanzsaal ausgeräumt. Für einen Kavalier muss es ein peinlicher Gedanke sein, dass die Damen des Hauses in der Nacht Möbel tragen müssen. Er stellt sich und seine Kameraden dazu ritterlich zur Verfügung. Das ist echtes Modern-Sein.

Keine Hausangestellten voraussetzen

Besuche. Bei dieser Informierung sehe man sich das Herkommen seiner Schüler vorher gewissenhaft an. Die sozialen Schichten haben sich so sehr verändert und vermischt, dass auch die Eltern durch ihre Söhne und Töchter in der Tanzstunde ganz gerne eine moderne Gebrauchsanweisung mit beziehen. Es muss also das Gesetz von Vorgestern und das von Heute angeleuchtet, die vereinfachten Anzugsbedingungen gestreift, die Situation an der Tür mit besprochen werden (keine Hausangestellten voraussetzen, auch die mürrische Nachbarin höflich grüßen). Alles so, als ob Vater und Mutter zuhörten und vor allem so, dass es dem jeweiligen Stand angepasst und für ihn durchführbar ist.

Was schicksalsmäßig undurchführbar geworden ist, nützt dem ›Haben des Kulturniveaus‹ gar nichts, es wird beiseite geschoben und übergangen, Bestehen bleibendes dagegen klar herausstellen: Notwendigkeit des Besuches nach einer Einladung, am besten sonntags zwischen halb Zwölf und Dreizehn Uhr, nicht später.

Nachdem die richtige Tür dem Besucher geöffnet wurde, als junger Mann dennoch jeder Weiblichkeit den Vortritt lassen. Nicht bei geöffneter Türe noch mal anklopfen. Den jungen Man nicht auf den Vorzugsplatz nötigen und auch von ihm keine gewandte Unterhaltung erwarten, die Mutter muss da helfen.

Keine Erklärung abgeben, warum man – nach kurzer Zeit – wieder geht. ›Ich möchte nicht länger stören‹ ist unnütz zusagen. ›Gestatten die Damen, dass ich mich verabschiede‹ genügt.

Den jungen Menschen solche Situationen einfach und mit der geringsten Belastung darstellen. Minderwertigkeitskomplexe oder Angebertum werden dadurch gemildert, und gute Sitte muss geübt und nicht nur gepredigt werden.

Handkuss statt Blumen

Handkuss. Es wird so oft gefragt, ob er als ›Pflichtfall‹ oder freiwillig geübt werden sollte. Es gibt keinen stichhaltigen Grund dafür, auf eine so schöne Geste zu verzichten. Die ganze Übung dauert nur zehn Minuten: Die ungeschickte und dann die kleidsame Form des Handkusses wird kurz gezeigt und dann in zwei Kolonnen geübt. Es ist dann ein für allemal gelernt und damit eine Bereicherung unseres Ausdrucksschatzes gewonnen.

Wie schwerfällig und gehemmt ist der Mann manchmal, wenn er einer reifen Frau danken möchte für frauliche Güte, wie abgebraucht sind Worte. Geschenke unpassend, Blumen nicht zur Hand. Wie ausdrucksstark ist da ein stummer Handkuss, dessen Form man beherrscht!

Überhaupt sollte der Begriff der Dankbarkeit, die Durchlässigkeit für Geben und Nehmen, der

Max Wendt begrüßt Emmy Schipfer

Jugend von Heute nahe gebracht werden. Wir werden ärmer, wenn wir das Danken verlernen und nicht mehr charmant genug sind, liebevoll geben und freimütig annehmen zu können.

Wer ist eine Respektsperson

Die Frage: »Wer ist eine Respektsperson?«, beantwortete Emmy Schipfer so:

»Die Frau für den Mann. Der Ältere für den Jüngeren.

Warum? Das Respektsverhältnis ist die Gewohnheitsform, so zu sagen die »Verkehrsregelung« für das Urgesetz geworden, dass in einem Gemeinwesen der Stärkere für den Schwächeren eintritt.

Wo Tiere im Rudel leben, sichern die männlichen Tiere die weiblichen, die Tiermütter die Tierkinder. Ein Gemeinwesen kann nur gedeihen, wo dieses Gesetz gilt.

Hieraus sind die Formen entstanden, dass der Mann der Frau die kleinen Handreichungen des Tages abnimmt: Türen öffnen und schließen, Stühle tragen, überhaupt alles Heben, Tragen und Schwere abnehmen. Kohleneimer, Markttasche – auch bei unbeliebten Nachbarinnen oder Tanten!

Der jüngere ist dem älteren Menschen gegenüber kräftiger, elastischer, gewandter, er hört und sieht noch schärfer. Somit ist es ein glatter Lebensablauf, wenn die Tochter für die Mutter jene Leistungen übernimmt, die der Älteren mühevoller sind. Als die Tochter noch klein war, sah die Sache umgekehrt aus: Da half die Mutter dem schwachen Kind.

Einst hatte die Respektsperson, der Schwertträger, an der rechten Seite des Jüngeren zu gehen, um den rechten Arm für das Schwert frei zu haben. Diese Respektseite wurde aufgegeben. Schwerter trägt man heute nicht mehr. Heute geht der Jüngere am ungünstigen Gehsteigrand. Wer am meisten geschützt werden muss, geht an der Häuserseite. Wenn drei Personen zusammen gehen, wird die Respektsperson in die Mitte genommen.

Ebenso behält nicht auf alle Fälle die Dame den Vortritt. Wo sie geschützt oder gestützt werden muss – etwa aus einem Gefährt steigend – geht der Mann voran und hilft. Auch geht der Mann als erster ins verdunkelte Kino oder in ein Lokal.

Vom veralterten Ritterbrauch stammt auch das Abstreifen des Handschuhes beim Handgeben. Es ist sinnlos geworden, seit man keine Eisenhandschuhe mehr trägt und also mit weichem Handschuh auch einen Handschlag geben kann.«

Tanzkurs 1950 –
Gruppenbild in der
Tanzschule

Tanzkurs 1950 –
Gruppenbild in der
Tanzschule

Tanzkurs 1950 –
Gruppenbild in der
Tanzschule

Tanzkurs 1950 –
Gruppenbild in der
Tanzschule

Tanzkurs November 1954 – Gruppenbild in der Tanzschule

A-Kurs 1955 – Gruppenbild in der Tanzschule

Tanzkurs im Herbst 1954 bei Frau Hirschfeld

F-Kurs 1954 – Gruppenbild in der Tanzschule

Rumba 1959:
Georg Reschke und
Inge Hausa beim
Schautanz im Park
Hotel

Die Fünfziger Jahre

Die Welt stand an der Schwelle zum Weltall. Der erste von Menschenhand gefertigte Himmelskörper, der sowjetische Sputnik I, umkreiste die Erde. In der Bundesrepublik Deutschland knüpfte Bundeskanzler Konrad Adenauer das Band zu den Westmächten. Europa wurde geboren. In der DDR herrschte Walter Ulbricht. Bundeswehr und DDR-Volksarmee wurden gegründet.

Die Jugend tanzte Rock'n'Roll und schwärmte für Elvis Presley, der noch mit 19 Jahren Lastkraftwagenfahrer gewesen war und mit 21 Jahren soviel Geld verdiente, dass er sich sechs Cadillacs leisten konnte und in einem Goldlamé-Anzug auf Reisen ging. Die Frage, was ein Mensch mit sechs Cadillacs anfängt, soll hier nicht erörtert werden.

In Deutschland interessierten diese Autoprobleme sowieso keinen Menschen. Man bereitete sich auf das Wirtschaftswunder vor und – auf das erste (und einzige) Auto – Lloyd 400 von Borgward aus Bremen, Käfer aus Wolfsburg.

Die jungen Damen trugen Hemdblusen- und Prinzesskleider, und wenn es etwas feiner wurde, schmückten sie sich mit einem Cocktailkleid mit weitem, wippendem Petticoatrock und mit einem Schulterkragen. Die Abendkleider – häufig selbst genäht – waren jedoch feierlich elegant, und der »letzte Schrei« war im Jahr 1955 das kurze Abendkleid, das kaum wadenlang getragen wurde.

Pablo Picasso kreierte mit seiner »Sylvette« 1954 die Pferdeschwanzfrisur, die von Brigitte Bardot sozusagen unters Volk getragen wurde. Im Allgemeinen waren die Frisuren in den 50er-Jahren schlicht und meistens auch sehr kurz – wenn man von dem Pferdeschwanz einmal absieht.

Die ersten Jeans kamen über den Atlantik nach Europa. Sie wurden aber nur von den jungen Leuten als Freizeitkleidung getragen. In der Schule oder gar am Arbeitsplatz waren sie nicht erlaubt. Und in der Tanzschule schon gar nicht. Die Herren aller Altersstufen trugen konventionelle Anzüge, selbstverständlich mit Krawatte. Für besondere Bälle galt der Smoking und der Frack, der sich allerdings im Laufe der 50er- und 60er-Jahre auf dem Parkett sehr rar machte und heute in Bremen im Wesentlichen nur noch auf der Schaffermahlzeit getragen wird.

1952: Unterricht in der Tanzschule Schipfer-Hausa in der Contrescarpe

Tanztrainer Reschke im Kreise seiner Turniertänze:

Zu Beginn der 50er-Jahre trainierte in der Tanzschule Schipfer-Hausa unter dem Trainer Georg Reschke das Bremer Tanzpaar Detlef Hegemann und Ursula Kämmerer. Die beiden, später ein Ehepaar, wurden in den Jahren 1952 bis 1957 siebenmal Europameister (fünfmal Standard, zweimal Latein). Damals kam die Europameisterschaft dem Weltmeistertitel gleich, da in den 50er-Jahren auf Grund von Verbandsquerelen keine Weltmeisterschaften ausgetragen wurden.

Detlef Hegemann, Diplomingenieur und heute Chef einer Firmengruppe, machte später Karriere als Präsident des »International Council of Amateur Dancers«. Dabei konnte er so manchen Streit zwischen den Amateuren und den Profis schlichten, denn er hatte in beiden Lagern viele Freunde.

Bremen war überhaupt eine Tanz-Hochburg. Zu den Top-Tänzern gehörten die Ehepaare Meinen, Forstmann (1973 Deutsche Seniorenmeister) und Renz (1966 erstmals Deutsche Meister).

Der Tanzlehrer Georg Reschke

Wir aber wollen uns jetzt dem Trainer der Hegemanns zuwenden – dem Tanzlehrer Georg Reschke, der seit 1937 in Bremen lebte und in der Tanzschule Schipfer-Hausa segensreich gewirkt hat.

Reschke galt als einer der profiliertesten Tanztrainer in Norddeutschland und weit darüber hinaus. Als er im Jahre 1980 Geburtstag feierte, er wurde so alt wie das Jahrhundert, nämlich 80 Jahre alt, widmete ihm die Tanz-Illustrierte einen Beitrag. Darin stand geschrieben: »Als ihm die Tanzschule Schipfer-Hausa in Bremen aus diesem Anlass einen Empfang gab, gestanden zahlreiche Gratulanten, dass sie ihm wohl ein stattliches Alter zugetraut, aber an 80 nicht zu denken gewagt hätten. Und wahrhaftig – wer ihn als Prüfer für das Deutsche Tanzsportabzeichen erlebt, kritisch, verbindlich, immer zu einem Spaß aufgelegt, hält sein Alter nicht für möglich.«

Georg Reschke wurde am 2. Februar 1900 in Lischnitz in Pommern geboren. Bereits mit 21

Jahren eröffnete er in Hagen in Westfalen eine eigene Tanzschule. Auf Grund einer Zeitungsanzeige siedelte er 1937 nach Bremen über und wurde vom Fleck weg von Emmy Schipfer als Tanzlehrer engagiert.

Zusätzlich zu seiner Tanzlehrertätigkeit agierte er auch als Bridge-Lehrer und trat zusammen mit seiner Tanzpartnerin aus Hagen vor allem in bekannten Badeorten als »mondänes Tanzpaar« in Schautänzen auf. Reschke, so schreibt die Tanz-Illustrierte, »war praktisch damals schon der moderne Freizeitlehrer«. Außerdem war er auch als Fachlehrer für Tanzlehrer tätig. Im Übrigen hat er nicht nur die Hegemanns zur Meisterschaft geführt, sondern auch das Tanzpaar Rosenbrock/Flamme, die ihre Tanzkarriere ebenfalls in der Tanzschule Schipfer-Hausa begonnen haben.

Über Georg Reschke, der hinter vorgehaltener Hand nur »Onkel Schorsche« genannt wurde, gibt es einige Anekdoten, die von alten Getreuen gern erzählt werden.

So hatte das Ehe- und Turnierpaar Eva-Charlotte und Klaus Osterhorn, das in den 60er-Jahren aktiv war, irgendwo außerhalb von Bremen auf einem Bäderturnier getanzt, und Georg Reschke hatte sie begleitet. Auf der Rückreise in Osterhorns Auto kam Nebel auf, so dass der am Steuer sitzende Klaus Osterhorn Reschke bat, ein bisschen mit aufzupassen. Reschke, der den Weg offenbar kannte, behauptete: »Kein Problem! Wir halten uns an die Rücklichter des Wagens vor uns.« Nach einiger Zeit bremste der Wagen. Osterhorn bremste auch, und die drei Bremer fanden sich auf einem Hof wieder – vor einer fremden Garage.

Wenn es um ein Turnier in einer anderen Stadt ging, war Reschke gern dabei. Aber immer ging das nicht. So mussten Osterhorns bei einem Turnier in Düsseldorf gegen Paare aus Düsseldorf und Detmold antreten. Reschke sagte voraus: »Ihr habt keine Chance, das Turnier zu gewinnen. Aber, bitte, benehmt Euch anständig. Denkt daran, dass Ihr von Schipfer-Hausa seid.«

»Onkel Schorse« beim Unterricht

Für Jahre ein unschlagbares Team: Emmy Schipfer, Inge Hausa, Georg Reschke und Christa Sander

In der Nacht nach dem Turnier telegrafierten die Osterhorns nach Bremen: »Sieg in der Tasche – Benehmen fraglich!« »Onkel Schorse« soll eine unruhige Nacht gehabt haben, obwohl absolut kein Grund vorlag. Die Osterhorns werden sich – wie immer – gut benommen haben. Aber in solchen Sachen verstand Reschke keinen Spaß.

Die Zeit der großen Bälle und Feste

Tatsächlich waren die 50er-Jahre die Zeit der großen Bälle mit ihren zahlreichen Aufführungen und Tanzturnieren in der Glocke, später auch im Borgfelder Landhaus, dessen Küche im ersten Deutschen Michelin-Restaurantführer im Jahre 1966 als erstes Restaurant in Bremen mit einem Stern ausgezeichnet wurde.

Die 50er-Jahre begannen bei Schipfer-Hausa am 11. Februar 1950 mit einem Faschingsfest unter der Motto: Rendez-Vous.

Wir laden ein zum Faschingsball
(Nicht mehr wie sonst so bieder)
Ein Rendez-vous im Carneval!
Ach, endlich geht es wieder,
Dass wir – bevor wir ernst und alt –
Uns etwas blöd gebärden,
Um in verwandelter Gestalt
Der Wandlung froh zu werden.
Wie lustig ist's als »Schäferin«
Den »Pagen« zu erwarten!
Doch steht Euch nach »Wildwest« der Sinn,
Gibt's ungezählte Arten –
Grad wie im Land »Ich-weiß-nicht-wo« –
Sich kunterbunt zu kleiden;
Doch stilvoll mit dem »Domino«
Kann man sich auch bescheiden.
Auf dann zum heitrern Rendez-vous
In Flitter, Tüll und Fransen!
Im Carneval auf Du und Du
Wollen wir tanzen – tanzen –

Wie es in der Zeit um 1950 in der Tanzschule Schipfer-Hausa zuging, hat Karin Winckelmann in ihrem Buch »Gutbürgerlich« notiert. Sie schreibt unter anderem:

»In dem Saal mit den großen Spiegeln an den Wänden saßen sich die Jungs auf der einen, die Mädchen auf der anderen Seite gegenüber. Von Musik war keine Rede. Die Inhaberin der Tanzschule, Emmy Schipfer (Schlüpfer-Emmy), eine betagte Dame mit violetten Löckchen, vermittel-

Die Zeit der großen Bälle: die 50er-Jahre

Die Riege

»Je länger, je lieber – ›die Riege‹«

Wann genau der TTC »Die Riege« gegründet worden ist, wissen wir nicht. Frau Christa Sander jedoch ist 1937 Mitglied der »Riege« geworden, und – sie war jedenfalls nicht das erste Mitglied. Emmy Schipfer hatte schon früh den Wunsch, tänzerisch begabten Damen und Herren nach erfolgreichem Abschluss der üblichen Tanzkurse (A, F, FF, FFT) die Teilnahme an Turnieren gegen andere Tanzschulen zu ermöglichen.

Seit 1953 war ein gesteigertes Interesse am Turnier-Tanzsport zu erkennen. Getanzt wurde in den Klassen III, II, I und S. In den Klassen III und II starteten die Herren im dunklen Anzug oder im Smoking, In Klasse I starteten die Herren im Frack. Die Mitglieder der »Riege« trugen eine kleine Anstecknadel, auf der der Name und eine Blume eingraviert waren. Auf der Rückseite hieß es; »TTC – Die Riege – Je länger, je lieber«.

Im Herbst 1958 kam es zu einem Vergleichskampf zwischen Tanzschulen und Tanzclubs, an dem das »Riege«-Tanzpaar K.H. Rosebrock und Gisela Flamme mit Erfolg teilnahm. Bereits 1954 fuhren Mitglieder der »Riege« zu einem Vergleichskampf zwischen Norddeutschland und Nordjütland nach Aarhus. Sie waren auch bei einem Turnier zwischen Dänemark und Norddeutschland 1960 in Kopenhagen dabei, wo die Norddeutschen um einen Punkt unterlagen.

Die »Riege« ging 1963 in den Tanz und Gesellschaftsclub CéCé (Club Contrescarpe) e.V. auf.

Mit ihrem Engagement für »Gruppentänze« hat Emmy Schipfer einen Grundstein für das heutige Formationstanzen gelegt – immerhin gab es die ersten »großen« Formationen mit 12 und mehr Paaren zuerst bei Schipfer-Hausa.

Formationstanz durch die Jahrzehnte

F-Abtanzball am 5. Dezember 1959 in der Glocke

te allgemeine Umgangsformen. Die erste Stunde war dem Anstandsunterricht vorbehalten. Dass ein Herr einer Dame die Tür aufhielt, ihr aus dem Mantel half und ihr bei Tisch den Stuhl zurecht rückte, dass die Herren ihre Pflichttänze zu absolvieren hatten, und eine Dame niemals allein am Tisch zurückgelassen werden dürfe. Aber auch für eine Dame gelte die Anstandspflicht. So sei es ungehörig, eine Aufforderung mit der Bemerkung: ›Ich tanze nicht!‹ zurückzuweisen, um darauf mit einem besser Konvenierenden zu entschweben.

Die letzte halbe Stunde wurde dann doch noch getanzt – ›deswegen sind Sie ja hier!‹, sagte Schlüpfer-Emmy, setzte ihr Schoßhündchen ab und lehnte ihren Krückstock gegen einen Armstuhl. Sie und ihre Partnerin Inge Hausa machten es einmal vor. Kurze Verbeugung: Darf ich bitten? Darauf sank das kleine Fräulein Hausa an die Rüschenbrust ihres ›Herrn‹, der ohne Krückstock etwas unsicher auf den Beinen wirkte und fürchten ließ, ohne die Umklammerung seiner »Dame« das Gleichgewicht zu verlieren. Gemächlichen Schrittes bewegte sich das Paar zu den Klängen des English Valse über das Parkett:

Liebe ist ja nur ein Märchen,
Liebe ist nur Illusion ...
Und vor! Und zurück! Und Wie-ge-schritt!
Gesehen?
Und eins! Und zwei! Und Wie-ge-schritt!«

Friedrich W. Marten und sein Freund Karl-Heinz Kühtmann waren zu jener Zeit, so zwischen 1950 und 1953, häufig als »Gasttänzer« in mehreren Kursen tätig. Marten: »Das war für uns damals eine günstige Gelegenheit ein schönes und billiges Wochenende zu haben; denn wir waren Lehrlinge bei einem Schiffsmakler – mit einem ›Einkommen‹ von 30 DM monatlich.«

Und wie wurde man »Gasttänzer«?

Ganz einfach: »In den Kursen gab es häufig Herrenmangel, so dass wir gern von der Tanzschule eingeladen wurden, die Herrenriege kostenlos aufzufüllen. Getanzt wurde seinerzeit in dem großen Saal im 1. Stock unter der wechselnden Leiter von Emmy Schipfer (meist für Etikette zuständig) sowie Inge Hausa und Georg Reschke. Wir hatten immer viel Spaß und genossen die wirklich schönen Abtanzbälle und andere Feste. Mit Emmy Schipfer bekamen wir Schüler nur dann Ärger, wenn beim Auffordern sich mehrere Herren auf eine besonders attraktive Dame stürzten und zunächst anschließend einige von der Natur nicht so gut bedachten Damen sitzen blieben. Dann holte sich Emmy die Sünder in den Nebenraum und hielt eine gehörige Standpauke wegen unseres unmöglichen Verhaltens.«

Ähnliches passierte Inge Cassens. Ihr war ein Herr für den Abtanzball zugeteilt worden. Und den mochte sie gar nicht leiden. Außerdem war er für sie zu klein. Sie nahm allen Mut zusammen und ging zu Emmy Schipfer ins Büro, um sich zu beschweren. Aber da kam sie an die verkehrte Adresse. »Was, das ist doch gar nicht möglich. Dieser junge Mann kommt aus einem sehr guten Elternhaus. Es muss für Sie eine Ehre sein, ihn als Tanzpartner zu haben.« Und schon war sie wieder draußen. Später hat Inge Cassens bei Schipfer-Hausa ihren Mann kennen gelernt.

Emmy Schipfer: 50 Jahre im Beruf

Am 6. Mai 1956 hatte Emmy Schipfer-Donat einen Grund zum Feiern: Sie war 50 Jahre in ihrem Beruf. Es versteht sich, dass dieses Jubiläum nicht ganz geräuschlos vorüber ging. Dafür sorgten schon ihre Getreuen und ihre Schüler.

Wie sehr Emmy Schipfer in ihrem Beruf aufgegangen ist, zeigt sich an einem Beispiel, dass wir F. Henry Walte verdanken. Er erzählt, dass Emmy Schipfer, kurz nachdem sie Bremen als künftige Wirkungsstätte auserkoren hatte, es muss Anfang bis Mitte der 20er-Jahre gewesen sein, von Waltes Großmutter Elli Toro y Pasarell den Auftrag erhielt, ihrer etwa 10 Jahre alten Tochter, die später die Mutter von Walte wurde, privaten Tanzunterricht im Hause Osterdeich Nr. 20 zu geben. Ob es das Haus war, vor dem Emmy Schipfer ohnmächtig vom Fahrrad gefallen war, wollen wir nicht weiter untersuchen. Möglich ist es schon.

Die Goldene Hochzeit ist längst gefeiert, aber der Abtanzball ist so nah, als sei er gestern gewesen

Als Ingrid Großkopf aus Rheine in Westfalen den Weser-Kurier vom 20. Februar 2006 aufschlug und ins »Lokale« schaute, flog ihre Erinnerung bis ins Jahr 1950 zurück. Damals war sie eine junge Dame, die in den »Weserterrassen« mit einem verschmitzt lächelnden Herrn an einem Tisch saß. Es war Anfang März und – Abschlussball der Tanzschule Schipfer-Hausa. Die junge Dame, die damals Ingrid Mann hieß, wirkte sehr gelöst, zumal sie sich den verschmitzt lächelnden Herrn als Tischpartner gewünscht hatte. Der junge Herr hieß Großkopf. Inzwischen sind die beiden seit mehr als 50 Jahren verheiratet, aber die Tanzstunde und der Abschlussball in den »Weserterrassen« ist ihnen noch heute gegenwärtig, als sei es gestern gewesen.

Es war übrigens gar nicht so selbstverständlich, dass die beiden, die sich in der Tanzschule kennen gelernt hatten, auf dem Abschlussball zusammen sitzen konnten.

Ingrid Großkopf berichtet: »Die Herren mussten eine gewisse Zeit vor dem Abschlussball einzeln zu Frau Schipfer ins Büro kommen, um sich für eine Partnerin für den Ball eintragen zu lassen.« Und da war es nun keineswegs klar, dass Frau Schipfer mit der Wahl der Partnerin einverstanden war. Sie hatte so ihre eigenen Vorstellungen.

»Frau Schipfer saß«, so erzählt Frau Großkopf weiter, »während der Tanzstunden immer auf dem ›Feldherrnhügel‹ und beobachtete das Treiben. Als nun mein jetziger Mann sich für mich eintragen lassen wollte, sagte Frau Schipfer zu ihm: ›Das habe ich längst notiert!‹.

Das waren also die Beobachtungen, die sie vom ›Feldherrnhügel‹ aus machte. Dabei hatte mein Mann sich immer genau an ihre Anweisungen gehalten und den ständigen Partnerwechsel durchgehalten.«

Emmy Schipfer auf dem »Feldherrnhügel« – immer alles im Blick

Große Polonaise
auf dem Abschlussball

Jedenfalls war es selbstverständlich, dass auch F. Henry Walte bei Emmy Schipfer in die Schule ging: »Mein erster Abtanzball fand Ende der 50er-Jahre im großen Saal der Glocke statt. Alle Eleven hatten ihre Eltern zu diesem besonderen Ereignis mitgebracht, und so machte ich meinen Anstandstanz mit einer Mutter.

Emmy Schipfer thronte auf der Bühne und überwachte mit Argusaugen ihre Zöglinge. Als ich mit meiner Mutter an der Bühne vorbeitanzte, gebot Emmy mir Einhalt, beobachtete mich aber nicht weiter, sondern fixierte meine Mutter, die inzwischen Mitte vierzig war. Sie fragte, ob sie etwa eine Toro sei?

Meine Mutter hatte Emmy zuletzt in Kindertagen gesehen und war hierüber völlig verblüfft. Emmy muss eine fotografisches Gedächtnis gehabt haben, um nach so vielen Jahren ihre kleine Schülerin vom Osterdeich in meiner Mutter wieder zu erkennen.«

Über die Arbeit von Frau Schipfer erzählt Walte eine kleine Geschichte, die sich in seiner Tanzstunde ereignet hat. Wie das damals so üblich war, saßen die Jungen auf der einen Seite des Tanzsaals, die Mädchen auf der anderen. Nachdem Emmy den obligatorischen Anstandsunterricht absolviert hatte, ging's los. Jeder von den Jungen hatte schon eine »Angebetete« auf der anderen Seite ausgemacht und stürzte auf ein Zeichen von Emmy los, um nun auch die Richtige auf die Tanzfläche führen zu können.

Waltes Freund Christian, der ein bisschen kurz geraten war, hatte sich nicht rechtzeitig für ein Mädchen entscheiden können, so dass für ihn schließlich nur ein Mauerblümchen übrig blieb, das ihn um zwei Köpfe überragte. Aber Christian war ein artiger junger Mann. Er trabte los, verbeugte sich formvollendet vor der jungen Dame, nahm sie in die Arme, um mit ihr Tango zu tanzen. Dabei kam seine Nase zwischen zwei Rundungen zum Ruhen, was aufmerksame Beobachter zu Lachsalven veranlasste.

Emmy blieb diese unglückselige Situation nicht verborgen. Sie »sortierte«, um den beiden die Situation nicht allzu bewusst zu machen, alle Paare neu, was verständlicher Weise nicht jeden der Tänzer erfreute.

Das gelang ihr aber nicht immer. Karin Bunke, die heute in Achim wohnt, erzählt, dass sie an ihrem Abtanzball leider nicht teilgenommen habe. Sie schreibt: »Ich habe gekniffen und mich krank gemeldet.« Der wahre Grund war allerdings der, dass ihr Tanzpartner für den Ball viel kleiner war als sie. Außerdem hatte sie schon damals eine große Abneigung gegen Ballkleider aus Organza, Tüll und Spitze.

Eine besondere Auszeichnung wurde Manfred Gehle zuteil, der 1953 bis 1957 bei Schipfer-Hausa getanzt hat. Im Jahre 1958 durfte er mit seiner Band, der »Donald Combo«, auf einem Abtanzball spielen, wobei »ich mich noch heute an die sehr genaue Taktvorgabe für die einzelnen Tänze – ein Metronom stand unter meinem Flügel – der beiden Damen erinnere«.

Karin Renke, die damals Funke hieß, nannte ihren Abtanzball am 12. Dezember 1959 in beiden Sälen der Glocke »das große Ereignis«, was es denn auch war. Die Mädchen mussten die Tische dekorieren und fit für die »Polonaise durch die Glocke« sein. Nein, Ihren Mann hat Karin Renke nicht in der Tanzstunde kennen gelernt. Doch den ersten Satz, den sie von Ihrem Mann gehört hat, damals in einer Bremer Bar, war: »Darf ich bitten?«

Ende der 50er-Jahre nahmen die Kräfte der Emmy Schipfer immer mehr ab. Ihr Gesundheitszustand, der während ihres ganzen Lebens immer labil war, gefiel ihr überhaupt nicht. Sie übernahm, wenn auch nicht ganz freiwillig, mehr und mehr die Rolle der über allen Thronenden.

In ihrem imposanten geschnitzten Lehnstuhl auf dem Podium im großen Saal des 1. Stocks an der Contrescarpe Nr. 10 sitzend, Foxterrier »Jupi« auf dem Schoß, überwachte sie die Arbeit in jedem Kurs. Wer von ihrer tiefen Stimme, die ihr den Spitznamen »Zarah Leander« oder »Adele Sandrock« eingetragen hatte, angesprochen wurde, versank vor Ehrfurcht im Boden.

Eva-Charlotte Osterhorn erzählt: »Wenn ich Frau Schipfer begrüßte, habe ich noch als Ehefrau einen Knicks gemacht.«

Emmy Schipfer war eine Frau, die man nie im Leben vergessen konnte.

Schwere Aufnahmeprüfung

So einfach war das nun auch wieder nicht, wenn man an einem Tanzkursus in der Tanzschule Schipfer-Hausa teilnehmen wollte. Das mussten fünf junge Männer erfahren, die im Jahre 1956 den Steuermannslehrgang der Seefahrtschule in der Elsflether Straße besuchten. Hans Dieter Lübbers erzählt:

»Nach dem 1. Semester machte einer meiner Kommilitonen den Vorschlag, man müsse einen Tanzkursus besuchen. Der Marineeinheitsschritt Klasse A (schnell) und B (langsam) hatte zwar bisher in Susi's Blue Bar oder ähnlichen Institutionen in weltweiter Küstennähe ausgereicht. Bei gehobenen gesellschaftlichen Ansprüchen könnte es vielleicht doch zu Engpässen kommen. Der Norddeutsche Lloyd hatte zum Beispiel die ›Berlin‹ übernommen und eventuell würde man auf solch einem Musikdampfer landen.«

Die jungen Leute überlegten, und nach eingehender Diskussion wurde einer ausgeguckt, der sich in die »Höhle des Löwen« wagen sollte, um die »Crew« anzumelden. Es sollte natürlich die Tanzschule Schipfer-Hausa sein.

Das war nun allerdings für die Damen Schipfer und Hausa ein Novum. Seefahrtsschüler waren bei ihnen bisher jedenfalls nicht in größerer Zahl aufgetaucht. Und auch die Information, dass sie, die fünf jungen Herren, vier Jahre sozusagen »vorm Mast gefahren hatten« und gestandene Matrosen waren, konnten die Bedenken der Damen, ob man denn tatsächlich den Kontakt solcher Herren zu jungen Damen aus der besseren bremischen Gesellschaft zulassen konnte, nicht erschüttern.

Lübbers: »Das Problem wurde wie folgt gelöst. Wir wurden an einem Sonntagnachmittag zum Tee eingeladen. Wir erschienen pünktlich, gedressed mit großem Blumenstrauß. Tee und Gebäck waren vorzüglich, wir haben uns etwa eineinhalb Stunden angeregt unterhalten, und als wir uns verabschiedeten, teilte uns Frau Schipfer mit, dass wir an einem Tanzkursus teilnehmen könnten. Nach dieser eingehenden Untersuchung wurden wir offenbar als nicht gefährlich für die jungen Damen eingestuft.«

Hans Dieter Lübbers fuhr später tatsächlich als Leitender 1. Offizier auf der »Berlin«. Zuletzt war er Professor an der Seefahrtschule.

Emmy Schipfer und ihr Hund »Juppi«

Maskenball 1962 –
Emmy Schipfer und
Inge Hausa

Die Sechziger Jahre

Mitte Dezember 1960 wurde John Fitzgerald Kennedy zum amerikanischen Präsidenten gewählt. 1961 ließ das DDR-Regime die Mauer bauen – Deutschland schien für alle Zeiten geteilt. Das Leben in der Bundesrepublik Deutschland stand auf dem Höhepunkt des Wirtschaftswunders. Den Deutschen, den Westdeutschen, ging es gut. Und es schien, als sollte das so weiter gehen. Nazizeit und Krieg lagen in endloser Ferne.

In der Tanzschule Schipfer-Hausa saß Emmy Schipfer, wie sich Eilke von der Ahe erinnert, »während unserer Tanzstunde in einem großen hölzernen Lehnstuhl und sah zu, wie Inge Hausa mit uns arbeitete. Ab und zu winkte sie ihre Partnerin zu sich heran und gab Haltungskorrekturen für einzelne Paare an sie weiter. Manchmal stand sie auch mühsam auf und sah dann von dem etwas erhöhten Teil des Saales auf uns herab – in meiner Erinnerung war sie recht groß und schlank – und klopfte energisch mit ihrem Handstock auf den Boden, wenn ihr etwas nicht gefiel.«

Aber sie konnte auch anders.

Helga Raffel sieht die alte Dame noch vor sich, wie sie den Schülern ein paar Schritte des Rock'n'Roll vortanzte und danach, ganz Dame, den Raum verließ und Platz machte für Inge Hausa und Hinrich Wulf.

Und für Dr. Wolfgang Geissler hat die Tanzschule Schipfer-Hausa Schicksal gespielt. Er hat dort im Februar 1960 bei einem Tanztee seine Frau Verena kennen gelernt. Inzwischen sind sie 40 Jahre verheiratet.

Typisch ist auch ein Bericht, den Dr. Martin Korol vor einigen Jahren veröffentlicht hat. Er schrieb darin über seine Jugendzeit unter dem Titel »Zuckersüße Regina ...«. Und dabei kommt er auch auf seine Tanzstundenzeit zu sprechen – auf den Anfängerkurs im Januar 1961 in der Tanzschule Schipfer-Hausa: »Hierher kamen Schüler vom AG und vom HBG, die ansonsten verfeindet waren, auch die Schülerinnen von Kippenberg und von der Karlstraße, während die vom Leibnizplatz zu Dr. Hardau im Finke-Hochhaus und die Mädchen von der Kleinen Helle zu Eichentopf am Brill oder zum Haus des Tanzes des Ehepaars Klug in der Rembertistraße gingen.

Oben: Abtanzball am 7. Dezember 1963 in der Glocke
Unten: Einweihung der neuen Bar 1963

TANZSCHULE SCHIPFER-HAUSA
Contrescarpe 10, Telefon 32 40 80, Bremer Bank, Kto. 1405731

Der erste Unterricht kann bei den Anfängerkursen in Tag und Stunde von der verabredeten Zeit abweichen.

Mitteilung über den Kursusanfang
Der Unterricht beginnt am:

Montag d. 16. Sep. 68 * 17:00 16:30

Am ersten Tag hat man uns Anstandsregeln beigebracht. Die Herren der Schöpfung waren noch nicht da – erst nächste Woche.

23.9.68 Die 1. Tanzstunde mit den Herren

Es war ganz Klasse! Wir müssen uns vor jedem Tanz gegenseitig vorstellen. Aber die Namen behalten? Ich weiß gerade noch: Stefan Goldacker, Rainer Schulze, ~~...~~ Peter, und schon Schluß! Mit einem Unbekannten habe ich am besten getanzt. Er hatte vor 3 Jahren schon Unterricht und führt ganz toll. Leider weiß ich nicht einmal seinen Namen. Er meinte zu mir: „Du läßt Dich aber gut führen!" Er ist ein ausgezeichneter Unterhalter. Herr Hinrich Wulff (Tanzlehrer) ist ganz prima. Vor allen Dingen macht sein Humor eine Menge aus. Ganz toll!

Merkblatt für die Kursusteilnehmer

Die Garderobengebühr beträgt für die Dauer eines Kursus DM 2,–. Wir bitten Sie, diesen Betrag am ersten Unterrichtstag mitzubringen.

Mittelball und Schlußball sind Bestandteile des Kursus und sind von allen Schülern zu besuchen. Die Unkosten des Mittelballes sind im Honorar nicht inbegriffen.

„Wir bitten darum, die Tanzstundenkleidung ohne Luxus, aber mit Sorgfalt und passend zu wählen.

Ihre Tanzschule Schipfer-Hausa

Tagebucheintrag vom 23. September 1968: »Es war ganz klasse!«

Der Tanzkurs bei Schipfer-Hausa dauerte bis April 1961. Über meinem Bett hängt der schwache Abzug eines Gruppenfotos, das 34 Paare zeigt. Den Unterricht im großen Saal mit verspiegelten Wänden, Parkettfußboden und goldenen Leuchtern gaben die beiden Damen selbst. Frau Schipfer muss schon über 80 gewesen sein, Frau Inge Hausa so um die 50. Themen der ersten Stunde waren, für Damen und Herren getrennt, Körperpflege und der richtige Umgang der Geschlechter miteinander. Zwei Stunden Anstandsunterricht folgten, koedukativ: Wer stellt wen vor, wie schiebt der Herr der Dame den Stuhl unter, wer sitzt an wessen Seite im Theater oder im Konzert; wer geht als erster die Treppe hinauf bzw. hinunter, wie bugsiert der Herr die Dame durch die Drehtür.«

In der Musik bahnten sich in den 60er-Jahren Veränderungen an. Dem Rock'n'Roll folgte der Twist mit seinen Verrenkungen, der schließlich in den Beat überging. War es in den 50er-Jahren Elvis Presley, so folgten in den 60er-Jahren die Beatles und die Rolling Stones. Als die Beatles, die Pilzköpfe, ihre ersten großen öffentlichen Konzerte gaben, versetzten sie die westliche Welt in Aufruhr.

Hinrich Wulf betritt die Bremer Bühne

Im Jahre 1962 betrat Hinrich Wulf die Bremer Bühne des Gesellschaftstanzes. Er wurde Tanzlehrer in der Tanzschule Schipfer-Hausa. Mit ihm begann eine neue Ära. Die beiden großen Damen der Bremer Tanzszene, Emmy Schipfer und Inge Hausa, hatten sich bewusst für ihn entschieden, denn es war ihnen klar, dass die Zeit der alten Tanzschule vorbei war. So wie Emmy Schipfer zu Beginn ihrer Laufbahn alte Zöpfe abgeschnitten hatte, ahnte sie am Ende ihres Berufslebens, dass sie nun selbst ein »alter Zopf« geworden war, was sie im Übrigen mit Humor nahm.

Hinrich Wulf kam als frischgebackener Tanzlehrer aus Hamburg und war das Gegenteil des Tanzlehrers »alter Schule«. In Bremen krempelte er sofort die Ärmel auf, und während seines Urlaubs als angestellter Tanzlehrer renovierte und modernisierte er die Tanzschulräume von Grund auf.

Unter anderem verschwanden die einander gegenüber an den Wänden des großen Saales befestigten Klappstühle, auf denen auf der eine Seite die Damen, auf der anderen Seite die Herren zu sitzen hatten. Jedes Mal beim »Auffordern« kam es auf beiden Seiten zu ohrenbetäubendem Lärm beim Zurückklappen der Sitze.

Emmy Schipfer zog etwas irritiert die Augenbrauen hoch. Erstaunt nahm sie zur Kenntnis, dass sie sich einen Konkurrenten als Macher und Initiator engagiert hatte.

Und als Hinrich Wulf die »unglaubliche Frechheit« besaß, mit spitzem Finger missbilligend auf Emmys Liebling »Jupi« zu weisen, der ja in jeder Tanzstunde dabei war, und ohne mit der Wimper zu zucken seine Chefin vor die Wahl stellte: »Entweder der Hund verschwindet während der Tanzstunden aus dem Saal oder ich!«, antwortete Emmy Schipfer: »Da mein Hund schwerlich Tanzunterricht geben kann, habe ich wohl keine Wahl!«

Hinrich Wulf begann, Etikette-Zöpfe abzuschneiden, wobei er allerdings nicht immer auf die Begeisterung der beiden Damen Schipfer und Hausa stieß.

Doch als sie erkannten, dass der Tanz- und Anstandsunterricht des jungen Mannes eisern an den Grundzügen ihrer Sozialethik festhielt, nämlich Rücksichtnahme auf den Nächsten, den Schutz und die Unterstützung des Schwächeren, da lehnten sich die beiden erleichtert zurück.

Oben/Mitte: Abschlussball am 20. März 1969 im Park Hotel, Turnier der besten Paare; Unten: Schautanzeinlagen – links die »Riege« mit dem Paar Harloff/Elmers, rechts Wolfgang Vogt-Jordan mit seiner Partnerin beim Tango

»So bitte nicht, meine Herren«

Hinrich Wulf: Tanzkursus – na, hör mal!

Hinrich Wulf wurde 1935 in Neustadt an der Weinstraße geboren, während eines Weinfestes. Aber er ist kein Pfälzer. Seine Wurzeln liegen in Hamburg. Sein Vater hatte bereits in jungen Jahren in Hamburg Karriere bei der Deutschen Reichsbank gemacht. Und als ein Direktor der Filiale der Bank in Neustadt an der Weinstraße gesucht wurde, fiel die Wahl auf Wulf. Das Ehepaar musste die Koffer packen, was ihm nicht ganz leicht fiel. Hinrich Wulfs Mutter kam aus einer wohl situierten Familie, die in Hamburg einen Namen hatte. In Neustadt an der Weinstraße nicht. Kaum hatten sie sich in Neustadt eingelebt, da wurde ihr Sohn Hinrich geboren. Drei Jahre später starb sein Vater.

Mutter und Sohn kehrten nach Hamburg zurück, um aber während des bald folgenden Bombenkrieges nach Frickenhausen am Main zu ziehen, wo Hinrich schließlich auch eingeschult wurde. Da saß der kleine Hinrich Wulf wieder mitten in einem Weingebiet, was er aber, seinem Alter gemäß, gar nicht so richtig genießen konnte. Für ihn unvergessen bleibt der Genuss einer Pfirsichbowle. Die Folgen dieses Genusses waren überwältigend. Sie brachten nachts sein Bett derart zum Schaukeln, dass er nie wieder in seinem Leben ein Glas zuviel getrunken hat.

In Frickenhausen wohnten sie bei Onkel Otto und Tante Häsi Meintzinger, deren Nachkommen heute noch ein Hotel und das Weingut betreiben. Nach dem Krieg kehrten die Wulfs so schnell wie möglich nach Hamburg zurück – in eine völlig veränderte Welt. Hinrich Wulf: »Unsere Familie hatte immer sehr viel Geld. Jetzt waren wir arm.«

Nach dem Schulbesuch ging Wulf zur Firma Bosch, um dort etwas »Anständiges« zu lernen. Und während seiner Lehrzeit passierte etwas ganz »Schreckliches«. Seine Mutter, die von ihrer Erziehung her auf ein gutes gesellschaftliches Benehmen Wert legte, teilte ihm eines Tages mit: »Es wird Zeit, dass du einen Tanzkursus besuchst!«

Hinrich raufte sich die Haare. Natürlich war er immer ein sportlicher Typ gewesen. Er tummelte sich erfolgreich in mehreren Sportarten.

Aber tanzen ... ? Na, hör mal!

Seine Mutter ließ jedoch nicht locker. Er wurde in der renommierten Tanzschule Wendt angemeldet, und er ging tatsächlich auch hin. Es blieb ihm nichts anderes übrig, denn seine Mutter war eine energische Dame. Jeder Widerspruch wäre sinnlos gewesen.

Das war 1950.

Und was er für unmöglich gehalten hatte, stellte sich ein: Tanzen machte ihm Spaß, und weil er ehrgeizig war, fand er sich bald auf dem Turnierparkett wieder.

In dieser Zeit lernte er seine erste Frau Magrete kennen. Die beiden brachten es bis zur höchsten deutschen Turnierklasse.

Unvergessen für ihn ist ein Mannschaftskampf in Bremen: Tanzschule Schipfer-Hausa gegen Tanzschule Wendt, Hamburg. Beide Mannschaften gehörten zu den erfolgreichsten in

Hinrich und Magrete Wulf beim Quickstep-Schautanz

Ball um 1900: Hinrich Wulf und Inge Hausa tanzen Polka-Mazurka

Ganz große Gala 1964 – das internationals Professional-Tanzturnier in der Stadthalle, organisiert von der Tanzschule Schipfer-Hausa

Deutschland. Wulf: »Wir waren etwa gleich stark. Aber am Ende haben wir gewonnen.«

Tanzlehrer in Hamburg?

Nachdem Max Wendt gestorben war, übernahm dessen Frau die Tanzschule, war aber doch auf Hilfe angewiesen. Die Turniertänzer sprangen als Hilfslehrer ein. Wulf natürlich auch. Und weil er besonders aktiv war und Frau Wendt seine pädagogischen Fähigkeiten schätzen gelernt hatte, finanzierte sie ihm eine Tanzlehrerausbildung mit dem Hintergedanken, dass er einmal in ihre Tanzschule als Lehrer eintreten werde.

Seminaristisch wurde er von dem Hamburger Tanzlehrer Gerd Hädrich, einem der besten deutschen Tanzlehrer, und praktisch bei Frau Wendt ausgebildet.

Bei der Prüfung im Jahre 1962 kam es für Wulf, der neben seinem Beruf bei der Firma Bosch auch noch die Hilfstanzlehrertätigkeit ausübte und sich zwischendurch auf den praktischen und theoretischen Abschluss hatte vorbereiten müssen, zu einem kleinen Zwischenfall.

Wulf hatte den Paso Doble vergessen, d.h. die Schrittfolge der abgefragten Figur. Alles weg! Und der war nun dran. Zehn Minuten Prüfungsgespräch.

Wulf: »Ich hatte keine Ahnung!«

Aber er hatte Ahnung vom Stierkampf, der ja beim Paso Doble Pate gestanden hat. Wulf fing also ohne Überleitung an, dem Prüfungsmeister plastisch und überaus wortreich einen Stierkampf zu schildern. Der Prüfungsmeister war nach zehn Minuten völlig benommen. Es war ihm alles egal, und er entließ Wulf mit der Note Drei.

Der nächste Prüfling wurde von ihm mit den Worten empfangen: »Wenn Sie auch nur ein Wort über Stierkampf verlieren, schmeiße ich Sie raus.«

Und so wurde Hinrich Wulf Tanzlehrer.

Er war aber auch noch bei der Firma Bosch angestellt, und die nun wiederum hatte besondere Pläne mit ihm. Er sollte in Spanien den Bosch-Dienst aufbauen. Hinrich Wulf musste abwägen. Der Tanzlehrer in ihm gewann – immer in der Vorstellung, dass er einmal in der Tanzschule Wendt tätig sein werde.

Aber es kam anders. Wulf sagte bei Bosch ab. Und nicht lange danach musste Frau Wendt passen. Sie hatte eine Mitarbeiterin, die wohl die Wulf'sche Konkurrenz im Hause fürchtete. Hinrich Wulf stand im Regen.

Doch das Jahr 1962 war noch nicht vorüber, da stellte sich Hinrich Wulf in Bremen bei der Tanzschule Schipfer-Hausa vor. Gerd Hädrich hatte ihm einen Tipp gegeben.

Abschied von Emmy Schipfer

So kam frischer Wind nach Bremen in die Tanzschule Schipfer-Hausa, der sich manchmal allerdings zu einem kleinen Sturm entwickelte. Aber die beteiligten Personen, Emmy Schipfer, Inge Hausa und Hinrich Wulf, konnten dem Sturm stand halten, und der Tanzschule ist das gut bekommen.

Das Jahr 1963 war für die Tanzschule ein Schicksalsjahr. Emmy Schipfer litt an einer schweren Krankheit, aus der heraus es keinen Ausweg gab. Sie bat Hinrich Wulf zu einem Gespräch und nahm ihm das Versprechen ab, als Teilhaber mit Inge Hausa zusammen die Tanzschule weiter zu führen.

Der Hamburger Hinrich Wulf zögerte, das Angebot anzunehmen. In seiner Lebensplanung kam Bremen für einen längeren Aufenthalt gar nicht vor. Und während er noch überlegte, fiel Emmy Schipfer in Ohnmacht.

Erschrocken über diese Reaktion stimmte Hinrich Wulf schließlich zu – ohne zu wissen, dass Emmys Ohnmachten durchaus Mittel zum Zweck sein konnten. Eine Ohnmacht stand am Anfang ihres Bremen-Weges und eben auch am Ende.

Die Krankheit der Seniorin schritt sehr viel schneller fort als erwartet. Sie, die immer mit dem Kopf gearbeitet hatte und nun den Verfall ihres Gedächtnisses beobachten musste, wählte mit 76 Jahren den Freitod – betrauert von allen, die sie kannten.

Eine Ära der Tanzschule Schipfer-Hausa ging zu Ende. Die neue Ära hatte schon begonnen. Inge Hausa stand dazwischen. Manchmal kopfschüttelnd, manchmal bewundernd und immer in der festen Überzeugung, vom Leben begünstigt worden zu sein. Sie war eine Optimistin.

Die Grande Dame der Tanzschule: Emmy Schipfer Anfang der 1960er-Jahre

Club Contrescarpe und große Turniere

Nachdem sich Hinrich Wulf entschlossen hatte, Teilhaber der Tanzschule zu werden, folgte ihm seine Frau Magrete aus Hamburg nach.

Der Tanz- und Gesellschaftsclub CéCé (Club Contrescarpe) e.V. wurde gegründet. Die Jugend fand dort ein tänzerisches Zuhause. Es bildeten sich Turniergruppen und Formationsmannschaften, die erfolgreich waren. Die Älteren trafen sich zu Trainingsabenden und bei unterschiedlichen gesellschaftlichen Ereignissen.

Zu jener Zeit gab es in Bremen-Stadt neun Tanzschulen: Gertrud Ehlers, Rudolf Eichentopf, Dr. Hardau, Peter Walter Klug, Thea Rumpf, Helga Schaafberg, Schipfer-Hausa, Rosemarie Weber und Marga Wegmann.

Die 60er-Jahre waren die Zeit der großen Bälle, Turniere und Schautänze.

Als die Bremer Stadthalle im Jahre 1964 eröffnet wurde, war eine der Programmnummern eine Tanzschau des Ehepaares Wulf, das als Turnierpaar zu den besten zehn Paaren des Professionalturnieramtes (PTA) Deutschland, dessen Gründungsmitglied Hinrich Wulf war, gehörte. Carsten Wulf, der heutige Chef der Tanzschule war zwar zu dieser Zeit noch gar nicht geboren. Er tanzte allerdings – sozusagen – unsichtbar mit. Ein paar Monate später erblickte er das Licht der Welt.

Die zweite Großveranstaltung, nach Holiday on Ice, in der neuen Stadthalle, die heute AWD-Dome heißt, organisierte Hinrich Wulf. Es war der Ball CéCé 64, auf dem um den Europapokal der Professionals in den Standardtänzen getanzt wurde. Das Fest, von 3000 Bremern besucht, begann mit einer Quadrille à la Cour, getanzt von 48 Paaren aus den Schülerkursen der Tanzschule Schipfer-Hausa – unter ihnen Regina Lankenau, die elf Jahre später die zweite Ehefrau von Hinrich Wulf werden sollte.

An dem Turnier nahmen Spitzenpaare aus sechs Nationen teil – Paare aus England, Dänemark, Österreich und Holland und aus den deutschen Städten Düsseldorf, Kiel, Hamburg und Reutlingen. Besonderes Gewicht bekam dieses sportliche Ereignis durch die Beteiligung zweier Paare aus Großbritannien, die am Abend zuvor in Neuß den Titel des Europameisters und des Europavizemeisters errungen hatten: Peter Eggleton und Brenda Winslade sowie Dennis Udell und Joyce Brampton aus London – die beiden Paare belegten auch in Bremen den ersten und zweiten Platz.

Ganz große Gala 1964 – in Bremen wurde überall mit Plakaten für das internationale Professional-Tanzturnier in der Stadthalle geworben

Oben: CéCé '64: die Turnierleitung wurde von Schipfer-Hausa gestellt
Unten: 48 Paare aus den Anfängerkursen bei der »Quadrille à la Cour«

Großen Erfolg hatten aber auch die Formationen: Langsamer Walzer und Wiener Walzer. Es wurden getanzt von Paaren des CéCé e.V. der Tanzschule Schipfer-Hausa – einstudiert unter der Leitung von Inge Hausa.

Bei den Paaren handelte es sich um die Ehepaare Ackermann, Dürbaum, Luther, Osterhorn, Suling und Wollersen und um die Paare Burmeister/Schmidt, Potthoff/Truffel und Vogt-Jordan/Soller. Die weißen Kleider der Damen hatte Eva-Charlotte Osterhorn genäht.

Die Turnierleitung lag in Händen von Hinrich Wulf. Beisitzer waren Inge Hausa, Erich Beuss, Ehrenpräsident des ADTV, Dr. Herbert Brenning, Geschäftsführer des Verkehrsvereins der Freien Hansestadt Bremen, Achim Waeber von der Deutschen Lufthansa und Dr. Brahms, Vorstandsmitglied des CéCé. Es spielte das große Radio Bremen Tanzorchester unter der Leitung von Cornelis op den Zieken.

Nach dem Erfolg dieses Festes, sagte Inge Hausa mit voller Überzeugung: »Bremen sagt Ja zu solchen Veranstaltungen.«

Der Handkuss

Es gab aber in den 60er-Jahren immer wieder Probleme, mit denen sich auch die Tanzlehrer auseinandersetzen mussten. Eines dieser Probleme, das allerdings im Grunde kaum wahrgenommen wurde, war der Handkuss, mit dem sich Jochen Malms auf der Jugendseite des Weser Kuriers vom 10. April 1965 beschäftigte.

Auf einem Foto ließ sich Frau Hausa von einem jungen Herrn die Hand küssen, während Hinrich Wulf die Szene begutachtete.

In einem erläuternden Text wurde darauf hingewiesen, dass ein Handkuss kein »Schmätzchen« sein dürfe. »Ein Handkuss muss elegant auf die Hand der Dame gehaucht werden, und darum gehört schon ein wenig Übung dazu, wenn man es nach Art eines Weltmannes mit Bravour schaffen will.«

Damals schien es, dass der Handkuss nach 1945 in der Mottenkiste verschwunden war. Denn in der Zeit nach dem Krieg passte er nicht zu Heißgetränk und Kleidern aus Fahnentuch.

Doch der Weser Kurier bemerkte: »Mit wachsendem Lebensstandard tauchte aber auch der Handkuss wieder auf, vor allem im südlichen und im mittleren Teil der Bundesrepublik, wo er heute wie eh und je zum guten Ton gehört.«

Aber, so schreibt der Weser Kurier: »Hierzulande allerdings will er nicht recht heimisch wer-

Peter Eggleton: Training, bis es raucht

»Ich bin schon ganz tüdelig!«, sagt Hinrich Wulf und schiebt alle Schuld daran auf Peter Eggleton, der es jedoch gelassen hinnimmt. Es ist sein Beruf, andere Leute so lange arbeiten zu lassen, bis ihnen nicht nur die Füße schmerzen, sondern auch der Kopf raucht. »Dasselbe gilt auch für mich selbst bei meinem eigenen Training!«

Peter Eggleton, Weltmeister im Gesellschaftstanz der Professionals 1966, von Haus aus Engländer, hält sich für einige Tage in Bremen auf, um das Tanzlehrer-Ehepaar Wulf für das Turnier um den »Großen Preis von Deutschland« zu trainieren, das am 8. Oktober in Kaiserslautern stattfinden wird. Die Wulfs treten bei der Gelegenheit gegen eine internationale Konkurrenz an, gegen Paare aus Holland, Belgien, der Schweiz, Österreich, England und Japan. Aus Deutschland nehmen vier Paare an dem Turnier teil, darunter die Vizemeister Krehn.

Peter Eggleton zählt, wie man es von einem Weltmeister auch nicht anders erwartet, zu den derzeit gesuchtesten Trainern. Heute in Deutschland, morgen in den USA, übermorgen treffen bei ihm zu Hause Paare aus Japan ein. »Eine eigene Schule habe ich nicht!«, erzählt er. »Aber es geht auch so!«

Der Engländer, der aus dem Amateurlager kommt und zweimal Profi-Europameister war, ehe er den Weltmeistertitel errang, hat seine besondere Ansicht über den Gesellschaftstanz. »Es ist eine Sache des persönlichen Ausdrucks und des Gefühls.« Eggleton glaubt, Gesellschaftstanz sei zunächst einmal eine Kunst, vielleicht auch Artistik, weniger ein Sport.

Und sein Lieblingstanz? Fast möchte man ihm die Antwort abnehmen: Slowfox. »Ich tanze jeden Tanz gern, wenn nur die Musik gut ist!«, sagt er. Aber die Tanzlehrerin Inge Hausa meint: »Im Slowfox gefällt er uns am besten!« Und Eggleton nickt. »Das Publikum ist mehr für den Quickstep. Aber in den Slow kann man viel mehr hineinlegen.«

Wenn Peter Eggleton nicht irgendwo in der Welt ein Tanzpaar trainiert, spielt er in seiner Heimat Golf (»Golf und Tanz sind verwandt miteinander!«), oder er hört Musik, oder er angelt, oder er tanzt selbst. Am 5. November zum Beispiel wird er auf einem Ball des Clubs Contrescarpe in Park Hotel, wo Eggleton zurzeit auch wohnt, eine große Weltmeister-Show darbieten.

Seine neueste Beschäftigung aber ist es, Tanzschuhe zu erfinden. Spezialschuhe für Tänzer. »Ich habe eine Schuhfabrik beauftragt, einen Tanzschuh nach meinen Plänen herzustellen.«

»Und ich werde ein Paar solcher Schuhe beim Turnier um den ›Großen Preis von Deutschland‹ tragen!«, sagt Hinrich Wulf und zieht ein Gesicht, als habe er Blasen an den Füßen. (Weser Kurier, 1966)

Das Top-Tanzpaar Eggleton/Winslade (rechts) zu Gast in Bremen – Hinrich und Magrete Wulf (links) nutzen die Gelegenheit für ein Sondertraining unter Anleitung der Weltmeister

Oben: Sektempfang im Park Hotel
Unten: Frau Hollenbach, Hinrich Wulf und Frau Meißner (v.l.)

den. Wohl sieht man ihn gelegentlich auf großen Empfängen. Doch er bleibt immer ein wenig Außenseiter, selbst in den Tanzschulen, in denen er vielfach nur auf Wunsch gelehrt wird. Es zeigt sich allerdings, dass viele junge Leute den Handkuss beherrschen wollen, um es sich zu ersparen, dass sie eines Tages in der großen Welt auf dem Handrücken einer eleganten Dame fürchterlich ausrutschen.«

Zu den jungen Leuten, die schon Jahre vorher bei Emmy Schipfer den Handkuss lernen mussten, gehörte auch Henning Scherf, der sich möglicherweise damals innerlich dagegen gesträubt hat. Heute meint er: »Geschadet hat es nicht!« Immerhin ist er Bürgermeister und Präsident des Senats der Freien Hansestadt Bremen geworden – wenn auch nicht mit Handküssen.

Neue Tänze und die Tanzschulen

Ein etwas schwierigeres Problem bahnte sich 1967 an – nicht für die Tanzschüler von Schipfer-Hausa. Sie genossen nach wie vor die »gediegene Atmosphäre in der Villa an der Contrescarpe«, wie Sabine Müller-Rückriem aus Ritterhude schreibt, machten sich Gedanken über ein »geeignetes Kleid für den Abtanzball« und über den Besuch beim Friseur am Morgen des Balltages, der ja der Höhepunkt und zugleich der Abschluss eines Tanzkursus werden sollte.

Nein, für die jungen Leute gab es, was die Tanzschule betraf, keine Probleme. Dafür aber für die Tanzlehrer. Seit einiger Zeit standen sie vor der Aufgabe, eine ständig wachsende Zahl von Tänzen nach Möglichkeit allesamt in das Programm des Anfängerkurses hinein zu pressen.

Noch vor gar nicht langer Zeit war es völlig in Ordnung und ausreichend gewesen, die vier Tänze Foxtrott, Wiener Walzer, Langsamer Walzer und Tango zu unterrichten. Mehr wurde von den Schülern nicht verlangt. Und auch nicht von der Tanzschule.

Mitte der 60er-Jahre bestand das Welttanzprogramm nun aus zehn Tänzen, und folgerichtig erwarteten die Schüler, dass sie mit diesen Tänzen im Anfängerkursus bekannt gemacht wurden. Außerdem wollten sie zwei oder drei Modetänze lernen und nebenbei auch noch in den Umgangsformen unterrichtet werden.

Die Tanzschule Schipfer-Hausa zog daraus Konsequenzen. Fortan wurde den Schülern ein großer Tanzkursus, bestehend aus 18 Doppelstunden, angeboten. Tanzlehrer Hinrich Wulf sagte dazu: »Nach diesen 18 Abenden können sich die Jugendlichen auf dem Parkett bewegen. Außerdem wissen sie in den Umgangsformen Bescheid.«

Aufgelockert worden diese 18 Abende durch zwei Tanzpartys. Am Ende stand – wie immer – der Abtanzball, zu dem auch die Eltern eingeladen wurden.

Wer weiter machen wollte, besuchte fortführende Kurse, konnte sich auf das Deutsche Tanzsport-Abzeichen vorbereiten und sich dem Turniertanz zu wenden.

Eine Bohnenstange macht Mode

Twiggy, das englische Star-Mannequin mit ihrer knabenhaft jugendlichen Figur, beeinflusste mit ihrem »Bohnenstangen-Look« die Mode.

Mary Quant machte den Mini-Rock gesellschaftsfähig – der Rock endete zehn Zentimeter oberhalb des Knies, was durch die Feinstrumpfhose ermöglicht wurde. Strümpfe und Strumpfbandgürtel gehörten der Vergangenheit an. Und als Ausgleich für die Gegnerinnen des Mini-Rocks zog der Hosenanzug in die Mode ein.

Großen Anklang vor allem unter den jungen Leuten fand die Hippie-Mode, die Mitte der 60er-Jahre aus den USA kommend Europa überschwemmte. Ihre Anhänger trugen Blumen im Haar und unkonventionelle Kleidung. Nichts Praktisches, nichts Funktionelles und schon gar nicht von »oben« diktiert. Lange Haare, weite Röcke, Jeans, gelegentlich waren die Körper unverhüllt – nur mit Blumen bemalt.

In den 60er-Jahren verwandelten sich die Blue Jeans von einer reinen Freizeitkleidung zu einer selbstverständlichen Alltagskleidung. Sie wurden auch sonntags getragen. In den Mädchenschulen protestierten die Direktoren gegen die für Mädchen unziemenden Jeanshosen, und in manchen Bankhäusern stehen sie noch heute auf der »schwarzen Liste«.

Die T-Shirts mit Aufschriften belebten das Straßenbild. Hüte verschwanden in der Versenkung. Bei den Frauen machte das Kopftuch das Rennen. Und letztlich beeinflusste auch die sexuelle Revolution die Mode und das ganze Leben.

Die Herren waren am Abend auf Gesellschaften gut angezogen, wenn sie zum Smoking einen dünnen, weißen Rollkragenpullover trugen. Herbert von Karajan, der weltbekannte Dirigent, hatte es ihnen vorgemacht.

Auf dem Tanzparkett wurde der Cha Cha Cha getanzt und bald darauf ins Turnierprogramm aufgenommen. In den Tanzschulen wurde der Hully Gully, der aus dem Süden der USA gekommen war, gelehrt.

Herrenschneider wie der Düsseldorfer Horst B. Meyering bauten den traditionellen Frack um,

damit er sich besser für den Turniertanz eignete. Außerdem entwarf Meyering eine Kleidung für Lateintänzer: Aus dem Latein-Smoking wurde der »Strampler«.

Und während die Standard-Formation von Schipfer-Hausa Deutscher Vizemeister wurde und Hinrich Wulf mit dem jungen Nachwuchs des CéCé e.V. eine Lateinformation aufbaute, die später auf dem dritten Platz der Deutschen Meisterschaften landen sollte, begann die Jugend überall im Land zu murren.

Das Team der Tanzschule in den 60er-Jahren: Inge Hausa, Hinrich und Magrete Wulf sowie Regina Lankenau

Oben: Die neu eingerichtete Bar
Unten: Der Senator für Jugend, Soziales und Sport, Henning Scherf, überbringt die Glückwünsche des Senats zum 75. Jubiläum

»Alles ist erlaubt!« und die »Gelbe Meise«

Das bedeutete, dass die Zeiten auch für die Tanzschulen schwieriger wurden. Die jungen Leute stellten bestehende gesellschaftliche Formen in Frage (Hinrich Wulf: »In vielerlei Hinsicht zu Recht!«), und so manche Tanzschule musste ihre Pforten schließen. Andere wiederum versuchten, alle Regeln über Bord zu werfen, um überleben zu können – nach dem Motto: Alles ist erlaubt.

Die Tanzschule war nur noch ein Spaßanbieter.

Auch in Bremen gab es massive Schülerunruhen, die zum Teil gewalttätig endeten. In der Tanzschule Schipfer-Hausa erschienen Schüler mit Buttons: »Enteignet Wulf!«

Ein großer Faschingsball der Tanzschule in der Vegesacker Strandlust wurde durch Demonstrationen mit Sprechchören draußen vor der Tür gestört. Tanzschüler sollten am Eintreten gehindert werden. Die Polizei rückte an, brauchte aber zum Glück nicht einzugreifen, weil es Hinrich Wulf gelungen war, die Demonstranten in das Ballgeschehen einzubeziehen – sie wurden friedlich und machten am Ende begeistert mit.

Im Hause Contrescarpe Nr. 10 stellte Hinrich Wulf unmissverständlich klar: »Während des Unterrichts wird nicht diskutiert.« Auch nicht über die Frage, ob man berechtigt ist, es einfach zu ignorieren, wenn es heißt: »Bitte, aufzufordern!«, nur weil man gerade keine Lust dazu hat.

Auch ging Wulf während des Unterrichts auf aggressive Fragen nicht ein. Und als ein Fragesteller vor versammeltem Kurs mit deutlicher Ironie fragte: »Wer sagt Ihnen eigentlich, Herr Wulf, dass der Tango mit dem linken Fuß zu beginnen hat?«, meinte Wulf: »Damit man sich nicht gegenseitig auf die Füße tritt.« Und damit war die Sache erledigt.

Wulf begründete seine Haltung – und jede Haltung musste damals wortreich begründet werden – damit, dass nicht jeder Schüler das Honorar für den Tanzkurs aus dem Ärmel schütteln könne, doch jeder Schüler habe das Recht, etwas zu lernen. Das wiederum könne nicht gewährleistet sein, wenn sich einige ausklinken und das Verhältnis der Anzahl von Damen zu Herren nicht mehr stimme.

Wulf redete Fraktur: »Wer nicht bereit ist, diese Regeln zu akzeptieren, wird höflich gebeten, sich das bereits gezahlte Kursushonorar am Schreibtisch bei Frau Hausa wieder abzuholen und nach Hause zu gehen!«

Tatsächlich passierte das in einigen Fällen – hin und wieder mit dem überraschenden Ergebnis, dass die Schüler und Schülerinnen am darauf folgenden Tag, manchmal in Begleitung der Eltern, mit einem Blumenstrauß und einer Entschuldigung zurückkehrten.

Bei anderen kam es zu einem Wiedersehen nach etwa zehn Jahren – in Begleitung der Ehefrau oder des Ehemannes: Bei der Anmeldung zu einem Ehepaarkurs. Inzwischen gehören diese Ehepaarkurse zum »alten Eisen«. Wer nur Ehepaare unterrichten will, wird bald pleite sein. Heute heißen sie Erwachsenen-Kurse.

Hinrich Wulf wäre aber nicht Hinrich Wulf, wenn er über diese Veränderungen in der Gesellschaft zur Tagesordnung übergangen wäre. Er lud zu Diskussionen ein, ließ anklingen, dass auch er Veränderungen für notwenig halte, nicht alle, aber viele. Doch diese Diskussionen fanden nicht nachmittags und abends während des bezahlten Unterrichts statt, sondern sonntagmorgens um 9 Uhr: »Alle sind herzlich eingeladen!« Und sie kamen tatsächlich, die wirklich engagierten Jugendlichen. Allerdings selten die, die zuvor das große Wort geführt hatten.

Ein »Ventil« entstand für alle: Hinrich Wulf eröffnete die »Gelbe Meise«.

Zweimal in der Woche konnten sich alle Schüler, die einen Kurs besuchten, aber auch »Ehemalige«, in den neu gestalteten und gelb gestrichenen Pausenräumen mit Diskothek und Bar (natürlich nur alkoholfreie Getränke) treffen. Getanzt wurde nach den neuesten Schallplatten, die von einem Team der Schüler, das von Frau Hausa in jedem Vierteljahr mit Geld ausgestattet wurde, eingekauft und aufgelegt wurden.

Bürgermeister Hans Koschnick weihte die »Gelbe Meise« ein und fungierte als deren Schirmherr. Viele Eltern aber waren froh, dass sich ihre Kinder sonnabendabends in der »Gelbe Meise« aufhielten, die – wie der Name schon andeutet – ein Gegenstück zur »Lila Eule« sein sollte.

Es wurde diskutiert. Es konnte ohne Aufforderung getanzt werden. Die Stimmung war prächtig. Und wer rauchen wollte, kein Problem. Aschenbecher standen bereit – mussten allerdings am Ende des Abends von den Schülern selbst geleert werden. Hinrich Wulf: »Ich habe am Ende der Veranstaltungen nie einen vollen Aschenbecher gesehen!«

Der Abtanzball auf dem Prüfstand

In dieser Zeit war es aber auch, dass die Abtanzbälle auf den Prüfstand gestellt wurden. Die Presse fragte: »Liegt der Abtanzball in den letzten Zügen?« Junge Leute meinten: »Wir haben keine

1962/63: Abtanzball in der Glocke

Lust, auf einen großen Ball zu gehen. Wir wollen nicht mit unseren Eltern gemeinsam feiern.« Und die jungen Herren schüttelten sich bei dem Gedanken an einen dunklen Anzug.

Ein Bremer Tanzlehrer berichtete: »Jeder fünfte Tanzschüler verzichtete auf eine Teilnahme am Abtanzball. So ist es bei mir. Bei den Kollegen mag es anders sein.«

Dennoch meinte Tanzlehrer Hinrich Wulf: »Die Jugend kann nicht nur fordern. Sie muss auch zu Konzessionen bereit sein. Sie muss lernen, mit einer anderen Generation zu feiern. Und eben das gehört zum Programm einer Tanzschu-

Haben die Organisation im Griff: Inge Hausa (rechts) und Magrete Wulf

le.« Doch eine Konsequenz hatte Wulf schon aus dieser Entwicklung gezogen: Der traditionelle Mittelball war aufgelöst worden – zugunsten von zwei Tanzpartys.

Nun, der Abtanzball lebt – auch im Jahre 2006. Nach wie vor ist er der festliche Abschluss eines Tanzkurses.

Ähnlich sah es mit den Benimm-Regeln aus: »Im Grunde gelten heute noch die alten Regeln. Allerdings ist es so, dass wir heute nicht mehr dazu anhalten, die Formeln des guten Benehmens starr einzuhalten. Jeder muss wissen, wo was angebracht ist.«

Eine konventionelle Aufforderung zum Tanz, so meinte Wulf, gehöre auf einen Ball, aber nicht in eine Disco. »Allerdings, auch in einer Zeit, in der gesellschaftliche Formen von der Jugend in Frage gestellt werden, sollte sich ein junger Mann erheben, wenn er einer Dame Feuer gibt oder wenn diese den Tisch verlässt, dieses freilich nur, wenn der Rahmen festlich ist.«

Wulf: »Alles ergibt sich aus der Situation. Man muss das alles mehr als Regeln des Fair Play ansehen, als Regeln, die das Zusammenleben erleichtern.« Und er betonte: »Wir gehören noch zu den wenigen Tanzschulen, die diese Regeln lehren.« Und er meinte, das zahle sich aus. Nach seinen Beobachtungen seien es gerade die zunächst gegen das Einpauken von Benimmregeln rebellierenden Tanzschülerinnen und Tanzschüler, die später davon am häufigsten Gebrauch machen.

»Banana« am Kaiser Friedrich

Bei all diesen Diskussionen, die viele Stunden beanspruchten, nahm sich Hinrich Wulf die Zeit für einen Spaß.

So ließ er am Denkmal des Kaisers Friedrich III. junge Leute einen neuen Tanz kreieren: Banana.

Kein Mensch hatte je davon gehört, nicht einmal gestandene Tanzlehrer – auch nicht Peter Walter Klug, einer der fortschrittlichsten Tanzlehrer, der immer noch mit Inge Hausa befreundet war und diese Freundschaft auf Hinrich Wulf ausgedehnt hatte.

Weder Klug noch sonst jemand konnte den Tanz Banana kennen. Es gab ihn gar nicht. Wulf hatte ihn erfunden.

Banana – Wulf möge verzeihen – hat sich international nicht durchgesetzt. Es blieb bei dem Tanz am Denkmal des 99-Tage-Kaisers.

Contrescarpe Nr. 10:
Die Tanzschule
Schipfer-Hausa

Die Siebziger Jahre

Anfang der 70er-Jahre kamen sich die beiden deutschen Staaten etwas näher. Es wurden Verträge geschlossen, und beide Staaten wurden Mitglied der UNO. Seit 1973 hockten die deutschen Kinder vor dem Fernseher – sie guckten »Sesamstraße«.

Die Menschen kleideten sich lässiger, unkomplizierter und origineller als in den Jahrzehnten zuvor. Das Bild wurde beherrscht von einer sportlich-praktischen Mode, und besonders die Herren bevorzugten Jeans, abgetretene Schuhe, abgewetzte Lederjacken und zerbeulte Hüte.

Mit dem Beginn der Disco-Welle wurde der Bump kreiert, ein Verwandter des Black Bottom aus den 20er-Jahren. Als Tanzschulalternative zum Disco-Tanz, der ein Solotanz ist, entstand der Disco-Hustle, ein Paartanz.

Günter Meinen, seit 1964 Vorsitzender des LTV Bremen, wurde Präsident des DTV: wieder ein Bremer an der Spitze des deutschen Tanzsports – nach Detlef Hegemann. In den nahezu 20 Jahren, in denen Meinen DTV-Vorsitzender war, wuchs die Zahl der DTV-Mitglieder von etwa 20.000 auf knapp 200.000.

Für Manfred Wolffson bildete das Jahr 1970 sozusagen den Abschluss seiner Tanzstundenzeit. Nein, nein, den Abschlussball hatte er bereits 1969 gehabt. Aber im Dezember l970 traf er seine Partnerin aus Tanzteezeiten im Club Contrescarpe im »New Yorker« am Liebfrauenkirchhof wieder: Sibylle Buchert. Die beiden hatten bei Schipfer-Hausa in unterschiedlichen Tanzkursen das Tanzen gelernt. Sie trafen einander zufällig bei einem der sonntäglichen Tanztees im Oktober 1968.

Wolffson: »Ich weiß noch genau, dass wir beide auf Anhieb mit Spaß gut und harmonisch zusammen tanzen konnten. Zu diesem Zeitpunkt waren wir noch Schüler, die mit ihrem knappen Taschengeld haushalten mussten. Da waren die kostenlosen Tanztees bei Schipfer-Hausa eine gute Adresse, wenn man Freude am Tanzen hatte und nicht viel ausgeben wollte. Die fünfzig Pfennig für die Flasche Cola zu den Tanzpausen in den Clubräumen im Keller des Hauses waren kaum der Rede wert! Getanzt wurde natürlich oben im großen Tanzsaal. Sonntags durfte man sich dann auch Musiktitel wünschen, die vom sonst vorgegebenen Repertoire abwichen.«

Nachdem die Tanzkurse beendet waren, traf Wolffson ein Jahr später als Lehrling, der bei der Post am Bahnhof Pakete abzuliefern hatte, seine Tanzteepartnerin Sibylle wieder.

Aber erst am 12. Dezember 1970, inzwischen waren die beiden 17 und 18 Jahre alt, bei einer zufälligen Begegnung im »New Yorker« am Liebfrauenkirchhof, tanzten sie mal wieder miteinander – und Tausendmal beim Tanzen berührt, Tausendmal ist nichts passiert. Tausend und eine Nacht, und es hat Rums gemacht. Am Ende wurde Hochzeit gefeiert – unsichtbarer Trauzeuge war die Tanzschule Schipfer-Hausa.

Nicht ganz so kompliziert war die Geschichte, die Manfred Schilling erzählt. Der kam im Jahre 1970 zusammen mit seiner Freundin in die erste Tanzstunde, die von Frau Hausa geleitet wurde.

Abschlussball im Park Hotel: Hinrich Wulf »offiziell«

Die beiden wurden, wie es üblich war, getrennt. Manfred Schilling stellte sich zu den Herren, und ihm gegenüber stand eine junge Dame, weißes Kleid mit blauen Blümchen. Manfred Schilling sah die junge Dame und dachte: »Die oder keine!« Ihm ist dann das Kunststück gelungen, fast nur mit dieser jungen Dame zu tanzen, die damals Kristina Radte hieß. Heute heißt sie Kristina Schilling. Im April 2006 haben sich die beiden bei Schipfer-Hausa zu einem Erwachsenen-Kursus angemeldet.

Tanzstunden und Pferdezucht

Das Leben in der Tanzschule nahm vom Anfängerkurs bis zur Turniergruppe seinen gewohnten Lauf. Hinrich Wulf war Ansprechpartner für die Presse und stand immer zur Verfügung (die Journalistin Margot Walther, die bei den Bremer Nachrichten für den Tanzsport zuständig war, könnte es bezeugen, wenn sie noch lebte). Aber er kümmerte sich auch noch um andere Dinge, denn ein eingleisiger Lebensweg war nie seine Sache.

Seit 1966 züchtet er Welsh-Ponys.

Aber selbst das reichte Wulf nicht, um seinen Tatendrang zu stillen. Seit Ende der 60er-Jahre kümmerte er sich um die Bremer Arbeitsgruppe des Kinderhilfswerks »Terre des Hommes«. 1968 fand der große Wohltätigkeitsball CéCé 68 zu Gunsten der Kinder statt.

Im Jahre 1971 übernahm Wulf von Dr. Christian Kingreen den Vorsitz der Bremer Arbeitsgruppe – und das nicht lautlos: Es fand eine Kunstauktion in der Kunsthalle und ein Ball, ebenfalls mit Kunstauktion, im Park Hotel statt.

Ein ganz neues Feld betrat Wulf mit der Bewegungstherapie, vornehmlich für Suchtkranke, die er in der Privatklinik Dr. Heines durchführte. Das Paartanzen diente dazu, die Patienten aus ihrer Ich-Bezogenheit zu lösen, und sich auf einen Partner einzustellen – dabei war die Tanzmusik ein wichtiger Ansatzpunkt, denn der vorgegebene Rhythmus der Tanzmusik unterstützte den Prozess.

Inzwischen war Magrete Wulf zum Studium nach Hamburg gegangen. Die beiden trennten sich und der junge Carsten blieb nach der Scheidung in beiderseitigem freundschaftlichem Einvernehmen beim Vater in der gewohnten Umgebung.

Moorkieker Gestüt seit 1966

Diese Geschichte gehört eigentlich gar nicht in ein Buch über die Tanzschule Schipfer-Hausa. Dennoch, um beim Wort »eigentlich« zu bleiben: Eigentlich gehört sie doch hinein.

Es geht um Welsh B Ponys, und es geht um den Tanzlehrer Hinrich Wulf, der im Jahre 1966 eine Welsh-B-Zucht aufbaute und das Moorkieker Gestüt gründete.

Welsh B Ponys stammen aus Wales und sind nach Ansicht der Waliser die »schönsten Ponys der Welt«. Tatsächlich sind sie leistungsfähig und gutwillig. Außerdem sind sie genügsam. Die Züchter sagen, sie seien »leichtfuttrig«.

In den 70er-Jahren knüpften Wulf und seine Frau Regina intensive Kontakte zum englischen Mutterland der Welshponys und erweiterten das Gestüt – heute sind sie beide begeisterte Züchter mit dem inzwischen ältesten aktiven Welsh-B-Gestüt in Deutschland.

Auf Schauen überall in Europa gewinnen ihre Ponys Preise über Preise, zuletzt wurde der von Hinrich Wulf gezüchtete Welsh-B-Hengst Moorkieker Gawain bei der 15. Internationalen Welsh Pony und Cob Schau in Belgien am 6. August 2005 Adult Champion der Sektion B.

Große und heute unverzichtbare Unterstützung haben beide durch die jüngste Tochter Karen, die als Ausbilderin und Vorführerin der Schautiere immer dabei ist.

Wulf selbst gilt in Deutschland als Welsh Fachmann, der als Richter einen unbestechlichen Blick für gute Welsh Ponys hat.

Hinrich Wulf und seine Welsh-Ponys

Eine Marke wird 50 Jahre: Jubiläumsball im Park Hotel am 9. September 1972

Inge Hausa zieht sich zurück – aber nur ein bisschen

Am 9. September 1972 gab es mal wieder einen besonderen Ball. Es war ein Jubiläumsball. Die Tanzschule Schipfer-Hausa hatte sich vor 50 Jahren in Bremen etabliert. Margot Walther schrieb in den Bremer Nachrichten von einem »Stück Zeitgeschichte unserer Stadt«. Sie würdigte die Lebensleistung von Emmy Schipfer und kam dann auf Inge Hausa zu sprechen, die »schon früh die Hauptlast der Schule« getragen habe. »Sie tat es mit Eleganz und Anmut, mütterlicher Wärme, Verständnis und viel Energie – den Humor nicht zu vergessen«.

Weiter schreibt Margot Walther: »Heute wird sie während eines festlichen Hausballes ihrem Juniorpartner Hinrich Wulf, seit zehn Jahren an der Contrescarpe höchst vital tätig, das ›Zepter‹ übergeben. Hinrich Wulf wird der Chef. Und für Inge Hausa wird der geliebte Beruf zum Hobby. ›Trennen werde ich mich nie davon‹, bekennt sie lachend und erzählt von ›damals‹. Sie feiert nämlich heute auch Jubiläum, mit der Schule ist sie seit fünf Jahrzehnten verbunden und damit 50 Jahre im Beruf.

Inge Hausa begann sozusagen ›zweigleisig‹, sie tanzte mit dicken Zöpfen, die zum Habitus der Kippenbergschülerin gehörten, und erlebte den Beginn der Tanzschule in der Meinkenstraße bei ›bullernden Ofenfeuer‹, bei Shimmy, Charleston und Black Bottom, getanzt wurde auf altem Bohlenfußboden. Nach weiteren Domizilen wurde dann schließlich 1937 das eigene Haus Contrescarpe Nr. 10 umgebaut und eingerichtet. Heute verbergen sich hinter der klassisch-schönen Fassade des Gebäudes, das unter Denkmalschutz steht, die völlig neu gestalteten, modernen Unterrichts- und Gesellschaftsräume der traditionsreichsten Tanzschule Bremens.

Eines hat man immer verstanden: die Strömungen um die heranwachsende Jugend auszuloten, zu erkennen, wie eine tief greifende Veränderung der Gesellschaftsordnung auch sie veränderte. Inge Hausa hat immer ›mitten drin‹ gelebt und nie den Anschluss verloren. Nicht zuletzt bewies sie mit

Hinrich und Regina Wulf

ihrem sicheren Blick für den tatkräftigen, aufgeschlossenen Juniorpartner Hinrich Wulf Gespür, das weitere erfolgreiche Wirken der Schule auch für die nächsten fünf Jahrzehnte zu gewährleisten.«

Inge Hausa blieb nach wie vor der Tanzschule eng verbunden. Sie wohnte im Hause und sprang nur zu gern ein, wenn »Not am Mann« war. Aber sie hat sich auch sprachlich engagiert. Sie besuchte Englischkurse, nahm an Literaturkursen im Institut Français teil und spielte in französischen Theaterstücken mit. Zwischendurch trieb sie Gymnastik und noch mit weit über 70 Jahren lernte sie neue Tänze wie Cha-Cha-Cha, Mambo und Boogie bei den jährlichen Tanzlehrer-Tagungen in Bad Kissingen.

Etwas später – da war sie eben 90 Jahre alt geworden – hat Inge Hausa, die eine warmherzige, doch stets Distanz wahrende Dame war, in einem Gespräch mit Erika Thies von den Bremer Tageszeitungen eine Bilanz ihres Lebens gezogen. Das war im Juli 1997.

Sie meinte damals, einfach sei ihr Leben nie gewesen. Aber: »Irgendwie bin ich ein Glückskind!«

Und mit strahlenden Augen erzählte sie, dass sie oft von ehemaligen Schülerinnen und Schülern auf der Straße angesprochen werde. Und viele von ihnen denken dabei »an die schönste Zeit ihres Lebens«.

Regina Lankenau wird Mitarbeiterin der Tanzschule

Regina Lankenau wurde 1949 in Bremen geboren. Seit 1959 war sie Kippenbergschülerin, und als 15-jährige meldete sie sich für einen Anfängerkurs in der Tanzschule Schipfer-Hausa an, »weil meine ganze Schulklasse dorthin ging und meine älteren Schwestern schon dort gewesen waren«. Nach der zweiten Stunde war es um sie geschehen, sie war absolut begeistert, nicht nur wegen des Tanzens, sondern auch wegen des »eingebildeten Fatzkes Hinrich Wulf« (Originalton).

Nach einem Jahr gehörte sie bereits zur Turniergruppe des CéCé. Sie wurde Mitglied der Latein-Formation und verbrachte schon während ih-

Neu im Team: Regina Lankenau, spätere Wulf

Der Schock sitzt tief: Wulfs Wohnung liegt in Schutt und Asche – der Übeltäter: Hund Nicki, der eine Petroleumlampe umgestoßen hatte

rer Schulzeit mehrmals wöchentlich ihre Freizeit als Assistentin in den Kursen. Außerdem sprang sie als Babysitter von Carsten Wulf ein.

Nach dem Abitur arbeitete sie ein halbes Jahr als Volontärin bei Schipfer-Hausa, bis ihre Ausbildung in der ADTV-Ausbildungsschule Hädrich in Hamburg-Harburg begann. Nach dem vormittäglichen seminaristischen Teil der Ausbildung in Harburg wurde nachmittags und abends der praktische Teil in den Kursen in Bremen absolviert.

Im Jahre 1970 schloss sie die Ausbildung mit Auszeichnung ab – mit dem Paso Doble hatte sie, im Gegensatz zu Hinrich Wulf, keine Schwierigkeiten. Ob sie jedoch einen Vortrag über den Stierkampf hätte halten können, wollen wir an dieser Stelle unberücksichtigt lassen.

Nach der Ausbildung wurde sie Mitarbeiterin der Tanzschule Schipfer-Hausa. In ihrer Freizeit baute sie gemeinsam mit Hinrich Wulf die Welsh-Pony-Zucht auf und aus, was viele Reisen zu Züchtern nach England und Wales erforderlich machte.

In den Jahren 1973/74 studierte sie an der Pädagogischen Hochschule Rheinland in Bonn. Ein Jahr später, 1975, heiratete sie Hinrich Wulf. Mit ihm hat sie zwei Töchter, Anneke (Juristin) und Karen (Lehrerin).

Mit ihren drei Kindern, denn Carsten gehörte ja auch dazu, dem Haushalt und zwei Wohnsitzen hatte sie – bei der Fülle der Aufgaben ihres Mannes – auch noch einen Vollzeitjob in der Tanzschule: Kurse, Turniergruppen, Büroarbeit. Jedenfalls unterrichtete sie häufiger als ihr Mann. Und dann kam auch noch der Umzug in die Parkallee. Aber das ist ein neues Thema.

Die Schule brennt

Die Bild-Zeitung berichtete am 15. Juni 1977 in großer Aufmachung: »Bremen: Großbrand – Dackel schuld«. Was war passiert?

Regina und Hinrich Wulf hatten tatsächlich mal einen gemeinsamen freien Abend, an dem sie sich's gemütlich machen wollten. Und es wurde auch ein gemütlicher Abend in der Dachwohnung über der Tanzschule an der Contrescarpe. Die beiden schnackten, tranken ein Gläschen Wein, denn es war ihr zweiter Hochzeitstag, und beiläufig sahen sie fern: den »Kaukasischen Kreidekreis« (Wulf: »Sowas vergisst man nicht!«).

Aber irgendwann geht jeder gemütliche Abend mal zu Ende. Hinrich Wulf schaltete das Fernsehgerät aus, und das war ein Signal für den Dackel Nicki, der bis dahin vor sich hin gedöst hatte und sich nun in der wohl begründeten Hoffnung befand, »Herrchen« werde jetzt mit ihm »Gassi« gehen.

Nicki sprang auf, stieß ganz gegen seine Gewohnheit an ein Tischchen und riss dabei eine auf dem Tisch stehende und brennende venezianische Petroleumlampe um. Das Petroleum lief aus, und damit begann der Teppich zu brennen.

Was nun im Einzelnen passiert ist, dass kann Ihnen nicht einmal mehr Hinrich Wulf erzählen. Er weiß nur, dass er sich seinen 12-jährigen Sohn geschnappt und ihn in Sicherheit gebracht hat.

Das Dachgeschoss wurde völlig zerstört. Die darunter liegenden Stockwerke wurden vom Löschwasser so stark beschädigt, dass eine Entkernung des Hauses notwendig wurde. Die denkmalgeschützte Fassade blieb erhalten. Eine Wiederaufnahme des Tanzschulbetriebes war jedenfalls auf absehbare Zeit nicht möglich.

Die Tanzschule musste sich nach einem neuen Domizil umsehen. Und dieses Domizil musste mindestens so gediegen sein, wie die Schule in der Contrescarpe Nr. 10.

Hinrich Wulf fand ein Haus in der Parkallee. Das Haus Nr. 117. Aber ein Haus zu finden und darin eine Tanzschule einzurichten, dass sind zwei unterschiedliche Paar Schuhe.

Das Haus in der Parkallee ist eine Jugendstil-Villa. Sie wurde im Jahre 1904 im Auftrage von Oltmann Johann Diedrich Ahlers (1848–1910), Mitbegründer und Direktor der Deutschen Dampfschifffahrts-Gesellschaft »Hansa«, Bremen, erbaut. Sie steht an der Ecke Parkallee/Benquestraße in einem reinen Wohngebiet. Und damit waren die Schwierigkeiten für Wulf programmiert.

Die Villa, das stand schon fest, sollte abgerissen werden, um Platz für ein Haus mit 14 Eigentumswohnungen zu schaffen. Die Abrissgenehmigung lag vor.

Doch Hinrich Wulf setzte ein P davor.

Im Alt-Bremischen bedeutet »een P vor schreven«, nämlich dafür sorgen, dass sich niemand daran vergreift. Das P bedeutet wahrscheinlich die Pest. Und der Pest geht jeder aus dem Wege.

Nur Wulf nicht – er hatte das P ja gesetzt.

Aber es gab einige Schwierigkeiten, den Tanzschulbetrieb aufzunehmen. Alle möglichen Genehmigungen mussten eingeholt werden. Und immer wieder gab es Einwände, so dass der Kunstmaler und Graphiker Will Haunschild, der mit Inge Hausa befreundet war, in einem Leserbrief an den Weser Kurier verwundert schrieb:

»Die Anwohner, die den von der Tanzschule angeblich ausgehenden Lärm fürchten, sollten wissen, dass die Tanzschule jahrzehntelang an der Contrescarpe stand, ohne dass sich je ein Anwohner beschwert hat.« Im Übrigen meinte er, dass sich auch die »heutige Jugend freue, wenn sie in gepflegter Umgebung froh und unbeschwert tanzen und Lebensart und Umgang lernen« könne.

Derweil konnte der Tanzunterricht weiterlaufen. Wulf hatte Platz im Logenhaus in der Kurfürstenallee gefunden. Viele der Logenbrüder waren einst Schüler von Schipfer-Hausa gewesen. Wir erinnern uns: Schon einmal hatte Emmy Schipfer in einer Loge Asyl gefunden.

Hinrich Wulf, der schon immer ein Faible für alte Bausubstanz hatte – und noch heute hat, ließ das Gebäude in der Parkallee von Grund auf restaurieren, und er erfüllte es mit neuem Leben.

Die neue Villa Schipfer in der Parkallee

Jubiläumsball zum 75. Jahr des Bestehens der Tanzschule: Inge Hausa und Hinrich Wulf

Die Achtziger Jahre

Ungeachtet aller Regierungswechsel setzte die Bundesrepublik Deutschland die von Anfang an begründete Politik der Westintegration sowie die von Bundeskanzler Willy Brand initiierte Ostpolitik fort. Die CDU mit Helmut Kohl besetzte wieder die Regierungsbank, und am Ende des Jahrzehnts – was keiner mehr für möglich gehalten hätte – endete der Kalte Krieg und es kam es zur Öffnung der Berliner Mauer.

Die Tanzschule Schipfer-Hausa feierte im Jahre 1981 das 75-jährige Bestehen, in dieser Zeit haben mindestens 120.000 Bremer hier Tanz- und Benimmunterricht genossen.

Es versteht sich, dass zu diesem für Tanzschulen eher ungewöhnlichen Jubiläum nicht nur ein Empfang stattfand, an dem sich der im Jahre 1910 geborene Ernst Masch als ältester Schüler zusammen mit seiner Tochter Gertrud Halfter einfand. Das Jubiläum wurde auch mit einem großen Ball gefeiert.

Bei der Gelegenheit spielte das Tanzorchester Hugo Strasser, das damals zu den bedeutendsten und beliebtesten Tanzorchestern der Welt zählte.

Die Grüße des Senats der Freien Hansestadt Bremen überbrachte ein früherer Schüler der Tanzschule: Senator Dr. Henning Scherf, der auch später mit seiner tanzbegeisterten Frau Luise einen Ehepaarkursus bei Schipfer-Hausa besucht hat. Den Handkuss brauchte er nicht zu üben. Den konnte er ja noch.

Für den 16 Jahre alten Carsten Wulf war es der erste Ball in seinem Leben. Carsten, der das Alte Gymnasium besuchte, war bis zum Beginn seines Anfängerkursus von seinen Eltern rigoros aus dem Tanzschulbetrieb herausgehalten worden – möglicherweise in der Hoffnung, dass er mal einen »anständigen« Beruf ergreifen werde.

Carsten Wulf »leckt Blut«

Aber die Sache mit den »anständigen« Berufen ist recht zweischneidig. Carsten Wulf war nach dem Anfängerkursus vom Tanzen so begeistert, dass er nach dem Abitur und nach der Bundeswehrzeit im Jahre 1985 eine Ausbildung zum ADTV-Tanzlehrer begann. Er war mit der Ausbildung noch gar nicht fertig, da machte er seinem Vater bereits Konkurrenz durch eigene Ideen, die Hinrich Wulf »gar nicht mal so verkehrt« fand.

Carsten Wulf 1981 – infiziert mit dem Tanzvirus

»Wie der Vater, so der Sohn«: Carsten und Hinrich Wulf

Carsten setzte einen »großen Ball für die Jugend« durch: »Gala '85« im Park Hotel mit Ball-Room-Band und fetziger Disco – für »alle Tanzbegeisterten«. Der Zufall wollte es, dass dieser Ball zugleich ein einmaliges Jubiläum war: Es war der 500. Ball der Tanzschule Schipfer-Hausa (die beiden Damen hatten genau Buch geführt). Zu diesen Bällen waren insgesamt 250.000 Gäste gekommen.

Carsten Wulf war wie sein Vater, der sogar eine Autorennfahrer-Lizenz hatte und auf dem Nürburg-Ring seine Runden drehte, sehr sportlich. Er nahm an Fahrradrennen teil und erreichte auf seinem ersten Profi-Tanzturnier in Mainz auf An-

hieb den 4. Platz. Einzige Kritik der Frau des Verbandspräsidenten: »An Ihrer Frisur müssen Sie noch arbeiten!« – seine Haare waren wohl etwas zu lang für ihren Geschmack.

Für Hinrich Wulf indessen gab es neue Aufgaben: 1985 eröffneten 60 junge Bremerinnen und Bremer den sich an die Schaffermahlzeit anschließenden Seefahrtsball im Festsaal des Rathauses mit einer Polonaise. Und damit Wiener Walzer und Quickstep ebenso formvollendet wie die »Aufforderung zum Tanz« klappten, gab Hinrich Wulf vor Ort noch einige Regieanweisungen. Seitdem ist die Tanzschule Partner des Hauses Seefahrt.

Carsten Wulf im Rennauto seines Vaters und auf dem Tanzparkett mit seiner Partnerin

Hinrich und Regina Wulf zu Gast in der Talkshow »III nach 9«: Wolfgang Menge lernt Tango bei Regina Wulf

Tanzstunde für das Tanzensemble des Theaters am Goetheplatz

Es meldete sich die international bekannte Tänzerin Reinhild Hoffmann mit ihrer Truppe bei Hinrich Wulf zu einem Tanzkursus in der Parkallee an.

Wulf trainierte die neun Paare innerhalb mehrerer Wochen im Turniertanz »mit allen Tricks«. Er sagte dazu in einem Zeitungsinterview: »Es war für uns alle knallharte Arbeit – es ging um Slowfox und Wiener Walzer in ihrer romantischen Form, dazu ein witzig interpretierter Quickstep.«

Die Szene bekam einen Platz in dem Tanztheaterstück »Föhn« von Reinhild Hoffmann, das vom ARD-Fernsehen übertragen wurde, und das ZDF ließ es sich nicht nehmen, den Tanzkursus der Tänzer und Tänzerinnen bei Schipfer-Hausa zu dokumentieren.

Hinrich Wulf als »Fernsehstar«

In diese Zeit fällt auch jene legendäre Sendung »III nach 9« von Radio Bremen mit Marianne Koch und Wolfgang Menge. In dieser Sendung schoss der ehemalige Kommunarde Fritz Teufel mit einer Wasserpistole, gefüllt mit Zaubertinte, auf den bis 1978 amtierenden Bundesinnenminister Werner Maihofer. Dieser begoss daraufhin seinerseits Fritz Teufel mit Rotwein. Wer Wolfgang Menge kennt, der weiß, dass es sich um einen guten Rotwein gehandelt haben muss. Menge wird das Herz geblutet haben.

Mit am Tisch saßen Hinrich und Regina Wulf. Sie waren zu der Sendung eingeladen worden, um sich mit Wolfgang Menge und den anderen Teilnehmern an der Sendung über Umgangsformen zu unterhalten.

Das Ergebnis war, wie Wulf sagt, nicht besonders ergiebig, da die Definition von Umfangsformen sich leider, wie so oft, nur an Nichtigkeiten wie dem korrekten Öffnen einer Weinflasche festmachte – ein Thema, bei dem Wolfgang Menge jedenfalls mithalten konnte.

Lustiger wurde es bei dem Versuch, Wolfgang Menge durch Regina Wulf und Marianne Koch durch Hinrich Wulf den Grundschritt des Tangos zu vermitteln. Hinrich Wulf war, so sagt Regina Wulf, eindeutig erfolgreicher – was aber, der Hinweis sei gestattet, nicht allein an Hinrich Wulf gelegen haben mag, obwohl er sich noch heute darüber beklagt, dass Marianne Koch etwas »sperrig« war und sich nicht führen lassen wollte.

März 1982: Abtanzball im Park Hotel

Hinrich Wulf wird Schlossherr

Im Juni 1983 schrieb Holger Weinert einen Bericht fürs Wochen-Journal: »Zu Besuch bei Hinrich Wulf«. Aber er hatte ihn nicht in Bremen besucht, sondern im Schloss Siedenburg in der Nähe von Sulingen. Das Schloss war früher Sitz der Grafen von Hoya. Jetzt gehörte es Hinrich Wulf. Das Schloss wurde in einen Tanzpalast umgebaut, hier boten die Wulfs Aktivwochenenden mit Tanzunterricht und geselligem Programm an, mit denen der Unterhalt finanziert werden sollte. Zehn Paare fanden in den Schlossgemächern Unterkunft. Im Gewölbe aus dem 16. Jahrhundert wurden Rittermahle bei Kerzenschein serviert, und wer daran teilnahm bekam einen Ritter- bzw. Fräuleinsnamen, mit dem man sich noch am nächsten Tag anredete. Ende der 80er-Jahre schlug das Schicksal zu: Hinrich Wulf wurde krank und musste seine Aktivitäten aufgeben.

Jürgen Schneider aus Brake schrieb ein paar Tage später in einem Brief an den »sehr geehrten Fernsehstar« Wulf: »Ich möchte Ihnen bestätigen, dass Sie bei Ihrem Fernsehauftritt einen prima Eindruck hinterlassen haben. Dazu kommt, dass Ihre Ina noch schöner geworden ist; insgesamt also: Kompliment!«

Carsten Wulf wird Tanzlehrer und – ins kalte Wasser geworfen

Im Jahre 1988 schloss Carsten Wulf seine Tanzlehrerausbildung ab. Seine weitere Lebensplanung sah ein Betriebswirtschaftstudium und anschließend Praktika in fremden Tanzschulen vor, um seine ersten Sporen als Tanzlehrer außerhalb des väterlichen Einflusses zu verdienen.

Es sollte dann aber ganz anderes kommen, denn Hinrich Wulf wurde von einem Tag zum anderen von einem schweren Herzinfarkt niedergestreckt. Es war wohl doch alles ein bisschen zuviel gewesen, was er sich an Arbeiten und Aufgaben zugemutet hatte.

Regina Wulf übernahm die Leitung der Tanzschule. Carsten Wulf stieg bei Schipfer-Hausa ein und unterstützte Regina Wulf tatkräftig. Allein, sagte sie später, hätte sie es nicht schaffen können.

Hinrich Wulf brauchte Jahre, um wieder so einigermaßen in »die Puschen« zu kommen. Aber mit dem Tanzunterricht hatte er seine Probleme. Tanzen kann verdammt anstrengend sein – wenn er das bis dahin nicht gewusst hatte, jetzt merkte er es. Weil ihm aber der Arzt geraten hatte, sich nicht auf die faule Haut zu legen, was sowieso nicht seine Art war, renovierte er zusammen mit seiner Frau den Ratskeller in Sulingen und betrieb ihn auch mit gutem Erfolg. Darüber hinaus wandte er sich mehr und mehr seinen Ponys zu.

1988 – nach bestandener Tanzlehrerprüfung: Carsten Wulf gehört zum Team der Tanzschule

Jubiläumsball 2006: 100 Jahre Tanzschule Schipfer-Hausa im Park Hotel

Harmonie auf dem Parkett und im wirklichen Leben: Carsten und Christina Wulf

Carsten Wulf steuert die Tanzschule Schipfer-Hausa ins zweite Jahrhundert

In Deutschland waren die 90er-Jahre geprägt von der Wende! Ost- und Westdeutschland waren wieder eins, was allerdings für die Menschen in der alten Bundesrepublik, wie auch für die Menschen im Osten einschneidende Veränderungen brachte – nicht immer zur Zufriedenheit aller.

Das 20. Jahrhundert ging zu Ende. Das 21. Jahrhundert hatte keinen guten Einstand. New York und Washington wurden am 11. September 2001 Ziel verheerender Terrorattacken. Terror, Angst und Irakkrieg sorgten dafür, dass die westliche Welt in eine Schräglage geriet.

Der Euro wurde eingeführt, und das Leben ging weiter.

Bereits im Jahre 1991 kam das BAT-Freizeit-Forschungsinstitut an der Universität Hamburg, geleitet von Professor Host W. Opaschowski, zu der Erkenntnis, das Zwei Drittel aller Frauen in Deutschland ihren Partner beim Tanz suchten.

Jeder dritte Bundesbürger, ob Ost oder West, wünschte sich ein Tanzcafé an jedem Ort. Im Westen war der Disco-Fox, im Osten der Langsame Walzer der beliebteste Tanz. Interessant, dass sich die Generationen in den 90er-Jahren beim Tanzen weitgehend aus dem Wege gingen. Außerdem kam das Institut zu der Erkenntnis, dass Tanzkursbesucher großen Wert auf die Vermittlung von Umgangsformen legten – die Tanzschulen standen im Jahre 1991 mal wieder vor neuen Herausforderungen.

Und so war es denn auch keine leichte Aufgabe, die dem jungen Tanzlehrer Carsten Wulf zu fiel, als ihm im Jahre 1991 die Leitung der Tanzschule Schipfer-Hausa von Hinrich und Regina Wulf übergeben wurde.

Zwar war Regina Wulf sporadisch immer noch als »freie Mitarbeiterin« in der Schule tätig. Sie unterrichtete, wenn Not am Mann war. Und ihre Ratschläge waren stets willkommen. Letztlich aber wurde sie auch zu Hause auf dem Lande gebraucht. Aber erst seit dem Jahre 2001 bezeichnet sie sich als »Hausfrau mit Hang zur Gartenarbeit«, was ein bisschen untertrieben zu sein scheint.

Die Wulfs wohnen in Jade in einem ehemaligen Pastorenhaus, in dem Pastor Spitta, ein Sohn des Bremer Bürgermeisters Spitta, gelebt hat. Und Pastorenhäuser haben meistens einen großen Garten, wer da keinen »Hang zur Gartenarbeit« hat, der ist angeschmiert.

Für die Ponyzucht ist sie auch mit zuständig, und die so genannte Hausarbeit für die »Hausfrau« bezieht sich eben auf das große Haus.

Pastorenhäuser haben große Gärten: das neue Domizil von Hinrich und Regina Wulf in Jade

Talisman von Emmy

Als es sich abzeichnete, dass er einmal die Tanzschule übernehmen werde, übergab Inge Hausa ihm einen Talisman, den schon Emmy Schipfer und auch sie als Glücksbringer hatten: Es ist ein Silberdöschen, das Carsten Wulf in Ehren hält.

Ob es als Talisman bereits gewirkt hat? Wer will das wissen. Die kleine Silberdose hat jedenfalls noch keinen Schaden angerichtet.

Carsten Wulf gilt längst als Identifikationsfigur der Tanzschule, führt den Kursbetrieb nahezu allein durch – gelegentlich mit einigen Assistentinnen, – und schafft auf diese Weise eine enge Bindung zu seinen Schülern.

Trotz aller gesellschaftlichen Veränderungen hat Carsten Wulf dafür gesorgt, dass Schipfer-Hausa eine klassische Tanzschule geblieben ist – aber immer mit einem offenen Auge für neue Ideen und Trends.

Es ist sein großes Verdienst, die Tradition der großen Ballveranstaltungen der Tanzschule Schipfer-Hausa fortgeführt zu haben – selbst als Bälle nicht mehr »angesagt waren«, hat er es geschafft, »große« Bälle mit guter Live-Musik von renommierten Unterhaltungsorchestern (z.B. von Radio Bremen oder vom Norddeutschen Rundfunk) zu organisieren und so gesellschaftliche Akzente zu setzen.

Carsten Wulf ist verheiratet mit Christina. Ein Glücksfall für ihn. Christina – eine leidenschaftliche Reiterin – hat Betriebswirtschaft studiert und ist, wie man sich denken kann, für das Büro zuständig. Außerdem sorgt sie im Hintergrund dafür, dass alles erfolgreich läuft und es gelingt ihr immer wieder auf's neue, eine familiäre Atmo-

Halten die Tradition aufrecht: Carsten und Christina Wulf – perfekte Gastgeber großer Ballveranstaltungen

Und wenn Sie, liebe Leserinnen und Leser, gelegentlich in Jade sein sollten, achten Sie mal auf eine Dame in derben Stiefeln, die einen Hund ausführt. Auch das ist Regina Wulf.

Doch wenn Carsten Wulf in Tanzschule in der Parkallee Hilfe braucht, muss er nicht lange bitten. Da kann er sich inzwischen auch wieder auf seinen Vater verlassen. Denn auch Hinrich Wulf kann sich das Leben – Krankheit hin, Krankheit her – einfach nicht ohne Tanzen vorstellen. Und das ist wohl ein »Erbstück« von Inge Hausa, die es auch nicht lassen konnte – zum Wohle der Tanzschule.

Übrigens, Carsten Wulf, der Chef der Tanzschule, erinnert sich gern an Inge Hausa, seine Patentante: »Ich bekam von ihr immer ›Afrikaner‹ von Bahlsen zugesteckt«, erzählt er.

Talismann von Emmy

sphäre im Team zu schaffen – ganz in der Schipfer-Hausa'schen Tradition. So organisiert sie unter anderem für die Helfer Veranstaltungen, wie Ausflugsfahrten, gemeinsame Essen oder Theaterbesuche. Und für die Familie mit drei kleinen Kindern und einem Hund ist sie auch noch zuständig.

Carsten Wulf: »Büro und Organisation – das kann ich nicht!« Für Zahlen hat er keinen Sinn. Aber bei der Erziehung der Kinder ist Carsten dabei: »Das kann ich!« Die drei Kinder sind Greta (6), Carl (4) und Emma (2). Und angesichts des Namens Emma stellt sich natürlich die Frage: Wird Emma Wulf die Nachfolgerin von Emmy Schipfer werden, die ja auch auf den Namen Emma getauft worden war?

Aber darüber wollen wir uns keine Gedanken machen. Emma ist zwei Jahre alt, und Carsten Wulf denkt nicht im Traum an eine Nachfolge. Auch nicht an eine, die Emma heißt. Wulf: »Dass unsere Emma den Namen von Emmy Schipfer trägt, haben wir erst gemerkt, als sie schon Emma hieß! Und da fanden wir das auch ganz in Ordnung.«

Wulf, der jeden Morgen seinen Sport treibt – der Bürgerpark liegt vor der Tür, ist nach wie vor ein begeisterter Tanzlehrer.

In Tennisschuhen auf dem Parkett – nicht bei Schipfer-Hausa

Die Arbeit mit den jungen Leuten macht Carsten Wulf Spaß – und die jungen Leute geben ihm ihre Sympathie zurück. Die Jugend von heute erwartet keine »Gelbe Meise«, keine politischen Diskussionen in der Tanzschule. Sie will tanzen lernen. Sie will wissen, wie man sich auf dem Parkett und auch im Leben zu verhalten hat. Die Jugend will lernen, wie man sich benimmt, denn auf gute Umgangsformen wird im beginnenden 21. Jahrhundert wieder Wert gelegt. Das gilt vor allem im Berufsleben. Und der Weg zum richtigen Benehmen führt über gute Tischmanieren, über Kleidungsrichtlinien, aber hauptsächlich über Taktgefühl – privat und im Geschäftsleben. Und zum richtigen Benehmen gehört schließlich auch die Kunst des Smalltalks.

Carsten Wulf veranstaltet keine Benimm-Seminare. Was er zu sagen hat, teilt er beiläufig mit. Er hält keine großen Vorträge. Und als »Kind« der Tanzschule Schipfer-Hausa vermittelt er die alte Knigge-Weisheit, die schon Emmy Schipfer gelehrt hat: »Die besten Umgangsformen sind wertlos, wenn es an Takt und an Herzensbildung fehlt.«

Carsten und Christina Wulf bei der Arbeit

Das schweißt zusammen: gemeinsame Freizeitaktionen des Schipfer-Hausa-Teams – organisiert von Christina Wulf

Der Tanzkursus, der einst für junge Menschen für eine gewisse Zeit einen Lebensmittelpunkt darstellte, ist heute nur einer der vielen Wege, auf denen sich die Jugend bewegt. Man muss sich einmal anschauen, wie die Schülerinnen und Schüler zum Tanzunterricht kommen. Mit vollen Rucksäcken, mit Gitarren-Kästen, weil sie gerade vom Gitarrenunterricht kommen oder weil sie anschließend in einer Band spielen. Sie haben eben noch Fußball oder Tennis gespielt oder sich mit einer anderen Sportart beschäftigt.

Jetzt wird getanzt. Und zwar in Schuhen mit Ledersohlen. Wulf: »Das ist bei uns Pflicht!« Und er erzählt, dass er im April 2006 an einem Tanzlehrer-Kongress in Wuppertal teilgenommen hat. »Sie werden es nicht glauben: Einige Kollegen traten in Tennisschuhen an. Mein Vater wäre ausgerastet, wenn er das gesehen hätte.«

Tennisschuhe gehören auf den Tennisplatz. Das Parkett in einer Tanzschule verlangt nach Ledersohlen. Wulf: »Viele Tanzlehrer scheinen das vergessen zu haben.«

Kurz vor Beginn der Tanzstunde treffen die Schülerinnen und Schüler ein. Sie kommen pünktlich, aber sie gehen auch wieder pünktlich. Sie erwarten von Carsten Wulf, dass er ihnen das Tanzen beibringt, nicht nur die üblichen Tänze, sondern auch – sagen wir mal – Mambo und Salsa. Der Salsa, das nur nebenbei, war im Jahre 2006 der große Renner auf dem Parkett. Die Zeitungen schrieben vom Salsa-Fieber. Wulf: »Von diesem Fieber bin ich verschont geblieben.«

Woher der Salsa genau kommt, weiß man nicht. Kuba ist aber immer richtig. Doch einige sagen, dass seine Wurzeln in Afrika liegen, wieder andere meinen, der Tanz habe sich in New York entwickelt. Ursprünglich waren es wohl Afrikaner, die meisterlich die Hüften kreisen ließen.

Ein Tanzlehrer, der in die Zeit passt

Carsten Wulf ist genau der Typ, der in diese Zeit passt. Unaufgeregt, locker und eben deswegen auch ein Vorbild. Er geht einen anderen Weg als Emmy Schipfer, Inge Hausa und sein Vater Hinrich Wulf. Doch führt er die Schipfer-Hausa-Linie konsequent fort.

Ein Beispiel dafür war der »Jahrhundert-Ball« der im Juni 2006 anlässlich der 100-Jahr-Feier der Tanzschule Schipfer-Hausa im Park Hotel veranstaltet wurde.

Ganz große Gala 2006 – der Jahrhundertball im Park Hotel

Dazu schrieb Frauke Fischer in den Bremer Tageszeitungen: »800 Gäste, die Hälfte davon Jugendliche mit offensichtlicher Freude an Tanz und Ballatmosphäre, strömten in den Kuppelsaal und in den großen Saal, flanierten in festlichen Roben über Terrasse und Treppen und zeigten ihre Begeisterung an rhythmischen Bewegungen auf dem Parkett.

Das Gastgeberpaar Carsten und Christina Wulf von der Tanzschule an der Parkallee hatte passenderweise den Gesellschaftstanz in den Mittelpunkt gestellt. Viele Gruppen der Kurse waren eingebunden, bestritten ein Turnier, führten verschiedene Tänze vor und sorgten somit quasi aus den eigenen Reihen heraus für das Show-Programm.

Carsten Wulf war denn auch zufrieden: ›Ich glaube, so einen Ball hat Bremen selten erlebt.‹«

Carsten Wulf ist aber nicht nur Tanzlehrer aus Überzeugung. Er engagiert sich auch auf sozialem Gebiet. Seit 1987 – Wulf war einer der ersten in Deutschland – richtet er am ersten November-Wochenende den Welttanztag aus. Sinn dieses Tages ist nicht nur das Tanzen. Am Welttanztag wird Geld gesammelt: Für die »Aktion Mensch«.

Und wie früher, so ist es auch heute, dass die Tanzschule nicht nur für junge Leute da ist, sondern auch für reifere Jahrgänge.

Man spricht zwar heute nicht mehr von Ehepaarkursen, sondern von Erwachsenen-Kursen. Geändert hat sich im Grunde aber nichts.

Aber auch in diesen Kursen ist der Ton lockerer geworden. Und wenn ein Erwachsenen-Kursus zu Ende geht, dann gibt es keinen großen Abtanzball, was man früher auch nicht gemacht hat. Es gibt ein kleines Essen in der Schule. Und jeder bringt was mit.

In diesen Erwachsenen-Tanzkursen bilden sich Freundschaften, die oft das ganze Leben halten. Beispiele dafür gibt es genug. Und diese Freundschaften werden ständig gepflegt, zum Beispiel durch immer neue gemeinsame Tanzkurse – bis ins hohe Alter.

In einem solchen Ehepaarkursus meuterte kürzlich eine der Damen wegen der vielen neuen Schrittfolgen. »Mein Gott«, meinte sie. »Wir wollen doch kein Turnier mehr tanzen.«

»Das nicht«, wurde ihr entgegnet. »Aber Tanzen ist auch gut für den Kopf!«

Tanzen – Therapie gegen Stress

Tanzen sei eine der geeignetsten Behandlungsformen für den gestressten Menschen, und es sei die älteste seelische Therapie.

Das hat der Neurologe Professor Walter Birkmayer bereits im Jahre 1986 auf einem Tanzlehrerkongress im Mainz gesagt.

Birkmayer: Der Gesellschaftstanz belastet den ganzen Körper gleichmäßig und beeinflusse damit Herz- und Kreislauf positiv. Das Bewegen zur Musik sei ein Regulativ für die Gefühle, gebe Anregungen und helfe Aggressionen abzubauen. Was 1986 galt, gilt auch 20 Jahre später – im Jahre 2006.

Tanzschule Schipfer-Hausa 2006

Das Team 2006: Carsten und Christina Wulf, Alina Wessels, Tobias Knopp, Paula Berchtenbreiter, Mona Schnieder, Violetta Rudolph. Auf dem Bild fehlen: Catharina Stille, Maren Pallas, Nathalie Nürge, Matthias Ludewig, Hanno Fellmann, Lina Parpatt

Tanzstunde im Jahre 2006

Wie kleidet man sich, wenn man im Jahre 2006 als Beobachter – und nebenbei: als älterer Herr – an einem Tanzkursus für junge Leute teilnimmt?

Das war für mich eine sehr schwere Frage – das heißt, eigentlich war sie ganz einfach, denn ich wusste ja aus der Zeit Ende der 40er-Jahre, da ich als Schüler an einem Tanzkursus teilgenommen hatte, dass man sich sozusagen »anständig« anzieht. Und das kannte ich auch von den »Ehepaar-Kursen«, die ich mit meiner Frau Mitte der 60er bei Schipfer-Hausa absolviert hatte, bei Hinrich Wulf.

Der hat übrigens noch einen »Schinken im Salz« bei mir. Wenn ich mit einer Frau im Kursus tanzte – natürlich mit meiner Frau, mit wem sonst? – und Hinrich Wulf wusste, dass mir eine der anderen Damen nicht so recht in den Kram passte, drehte er das so hin, dass diese Dame mit ihrem Partner irgendwann hinter mir tanzte, und dann befahl er: Damenwechsel!

Und dann hatte ich die Dame am Halse beziehungsweise im Arm! Na ja, aber das nur nebenbei.

Ich wollte Ihnen ja erzählen, wie man sich kleidet, wenn man als Beobachter an einem Anfängerkursus in der Tanzschule Schipfer-Hausa des Jahres 2006 teilnimmt. Meine Frau sagte: »Darüber mach dir man keine Gedanken. Geh' wie immer, dann bist du zumindest angezogen – ob gut und nicht gut, die jungen Leute gucken dich sowieso nicht an.«

Ich ging in Jeans!

Mit sehr schlechtem Gewissen.

Und wissen Sie was? Ich war – im Sakko, Rollkragenpullover und Jeans – nahezu elegant angezogen. Das wurde mir schon klar, als ich die Tanzschule in der Parkallee betreten und Carsten Wulf, den Chef der Schule, begrüßte. Das heißt, er hatte genau genommen gar keine Zeit, mich großartig zu begrüßen.

Er kochte Kaffee.

Ohne Krawatte.

Mein Gott, dachte ich, wenn das Emmy Schipfer ... Nein, der Gedanke war furchtbar.

Carsten Wulf sagte: »Manchmal trage ich keine Krawatte. Man muss das im Gefühl haben, wann man eine Krawatte tragen sollte. Vorhin hatte ich Privatunterricht. Ein Manager mit seiner Frau – da war die Krawatte Pflicht! Wenn ich

Tanzstunde im Jahre 2006

aber mit den jungen Leuten arbeite, gebe ich ihnen damit zu erkennen, dass es beim Arbeiten locker zu gehen kann.«

Er erzählte: »In Berlin soll es noch eine Tanzschule geben, in der auf korrekte Tanzkleidung Wert gelegt wird: Anzug, Krawatte, Kleid beziehungsweise Rock und Bluse. Das kann man natürlich machen. Aber man muss es nicht.«

Nach und nach trafen die Schüler ein. Alle pünktlich. Die meisten kamen in Jeans. Eine einzige Dame trug einen Rock. Ein Herr trug Hosen, die für mindestens fünf Herren angefertigt worden waren, außerdem waren sie viel zu lang und die Taschen platzend voll. Er fiel gar nicht auf. Die berockte Dame allerdings auch nicht.

Nur mir! Und ich bin – wie ich mal wieder feststellte – von gestern!

Kurz vor dem Unterricht spielte die Musik. Die jungen Leute tanzten sich ein. Der Unterricht begann pünktlich, und die Schüler, keineswegs nach Geschlechtern getrennt, fingen gleich an zu tanzen.

Foxtrott.

Mittendrin in dem Gewühl ging Carsten Wulf auf und ab. Er korrigierte hier, lobte dort, tanzte mit einer Schülerin ein paar Takte, um die korrekte Schrittfolge zu demonstrieren. Sobald sein Tanz mit der Schülerin beendet war, applaudierten die anderen Schüler und Schülerinnen höflich. Alle drei Tänze wurden die Partner gewechselt, so locker, dass man als Beobachter viermal hinschauen musste, um es überhaupt zu bemerken.

Samba.

Ein Ball wurde simuliert. Carsten Wulf verkleinerte die Tanzfläche, und die Tänzer mussten mit dem wenigen Platz auskommen, der ihnen geblieben war. Den einen gelang es, den anderen nicht.

Langsamer Walzer.

»Wir haben hier sehr viel Freiheit«, sagte ein junger Mann. »Nur eines dürfen wir nicht: Kaugummi kauen!«

Zwischen zwei Musikstücken gab Carsten Wulf beiläufig Anstandsunterricht. Obwohl – Unterricht war das eigentlich nicht. Nur mal eine freundliche Bemerkung aus aktuellem Anlass. Aber die saß!

Rumba.

Catharina-Marie Stille, eine fortgeschrittene Schülerin, die gelegentlich das Telefon bedient, an der Theke aushilft oder als Dame einspringt, wenn ein Herr ohne Dame hilflos im Saal steht, sagte: »Ich wundere mich manchmal über Carsten. Der ist immer gut gelaunt. Auch wenn er mal sauer ist. Merkt kein Mensch. Er ist ein guter Lehrer. Total gut!«

Es ist vieles anders als Ende der 40er-Jahre. Aber eines ist wie damals: Die jungen Leute machen engagiert mit. Carsten Wulf weiß sich Respekt zu verschaffen, was sicherlich sehr viel schwerer ist als damals. Da waren die Fronten klar – hier der Tanzlehrer oder die Tanzlehrerin als unnahbare Respektspersonen, dort die Schülerinnen und Schüler. Heute gibt es keine Fronten. Und unnahbar? Also, jedenfalls Carsten Wulf nicht!

Wiener Walzer.

O ja, der Wiener Walzer. Gar nicht so einfach, obwohl er so aussieht.

Benni meinte: »Lern ich nie!«

Catharina-Marie Stille: »Dieses hier ist ein Anfängerkurs. Danach kommen Bronze, Silber, Gold, Gold Star, und dann wird man in den Club aufgenommen. Dann darf man auch schon auf auswärtigen Turnieren tanzen. Ein weiter Weg. Aber tanzen macht Spaß!«

ෆ ල

Ende März war Abtanzball im Park Hotel für »meinen« Anfängerkurs.

Und wissen Sie was? Ich habe nicht einen einzigen der jungen Damen und Herren wieder erkannt.

Alle korrekt anzogen – elegante Abendkleider, Anzüge und Krawatten. Korrektes Benehmen, also, ehrlich gesagt: »Besser waren wir auch nicht!«

Carsten Wulf führte die Debütanten zur Polonaise in den Saal, ein freundliches und auch für Ältere ein vertrautes Bild – Emmy Schipfer hätte ihre Freude daran gehabt.

Walzer

Wir hatten Ihnen am Anfang dieses Buches versprochen, zum Schluss einen Walzer mit Ihnen zu tanzen.

Den Text dazu lieferte der Dichter Novalis (1772–1801), der Georg Philipp Friedrich Freiherr von Hardenberg hieß und mit Goethe, Herder und Jean Paul bekannt war.

Eines seiner Gedichte heißt: Walzer
Dürfen wir bitten?

Walzer

Hinunter die Pfade des Lebens gedreht
Pausiert nicht,
ich bitt euch so lang es noch
geht
Drückt fester die Mädchen ans
klopfende Herz Ihr wisst ja wie
flüchtig ist Jugend und Scherz.

Lasst fern von uns Zanken und
Eifersucht sein
Und nimmer die Stunden mit
Grillen entweihn

Dem Schutzgeist der Liebe nur
gläubig vertraut
Es findet noch jeder gewiss eine
Braut.

ೞ ൚

Danksagung

Verlag, Autor und Familie Wulf bedanken sich bei allen (ehemaligen) Tanzschülerinnen und -schülern sowie den sonstigen Zuträgern, die sich durch Fotos, Gespräche und Zuschriften an diesem Buch beteiligt haben:

Heilke von der Ahe • Gisele Allenbach • Günter Andrée • Marianne Aust • Hans-Jürgen Beeck • Marlene Blohm • Walter Blumenberg • Michael Bunnenberg • Herwig u. Karin Bornstedt • Birthe Boßmann • Helmut Budelmann • Karin Bunke • Familie Castaneda-David • Hanna Coldewe •Heiner Coldewey • Heinz u. Else Detjen • Michael Domke • Ernst Dünnbier • Sigrid Fischer • Rosemarie Fitzthum • Oswald u. Irmgard Flammann • Karin Flitz • Ingrid Frese • Elisabeth Fricke • Ingrid Garsinka • Manfred Gehle • Wolfgang u. Verena Geißler • Günther Gengler • Barbara Glahn • Horst u. Irene Goedecker • Reinhard Greiffenhagen • Reinhard u. Christiane Groscurth • Ingrid Großkopf • Klaus Grünewald • Inge Gurlit • Ingrid Gutsmann • Gertrud Halfter • Ingrid Hänig • Edda Hapke • Dieter Harloff • Regine Hartmann • Christa Hecking • Regine Hellberg • Familie Hollweg • Axel Hübener • Hans Imwolde • Eva Jacobs • Richard Kattenbach • Gertrud Kindervater • Rosemarie Kirmse • Hannelore Klare • Bernhard Klinner • Bärbel Koggenhop • Martin Korol • Walter Kuhlmann • Hans Dieter Lübbers • Marga Lüdeker • Paula Ludwig • Jürgen u. Marie-Louise Luther • Harriet Maaß • Anna-Monika Mahlstedt • Friedrich W. Marten • Sabine Müller-Rückriem • Gisela Olk • Klaus u. Eva-Charlotte Osterhorn • Gundborg Otto • Monika Palm • Hannelore Pöpper • Helga Raffel • Christel Renken • Karin Renken • Meike Rieke• Rolf Rockmann • Rosemarie Rode •Ursula Rosenow • Christa Sander • Monika Schefold • Henning Scherf • Manfred u. Kristina Schilling • Gerd Schlüsselburg • Hanna Schmidt • Marliese Schröder • André-Michael Schultz • Hans Jörg Schütte • Hilde Siemer • Lisa Simon • Walter u. Inge Spohler • Christa Stalhut • Margot Steil • Hendrikje Strohecker • Heiner u. Freia Suling •Ursula Theile • Inge Timm-Schuster • Manfred Titz • Hannelore Treml • Gisela Ude •Wolfgang Vogt-Jordan • Andrea Wachler • F. Henry Walte • Lutz-Henning Walter • Gert u. Karin Warneke • Inge Weber • Birgit Wendt • Angelika Westerwelle • Fritz Wetjen • Elfriede Wiese • Wiltert Wilts • Karin Winckelmann • Elisabeth Witt • Familie Woehrle • Helga Wolf • Manfred u. Sibylle Wolffson • Otto Wroblewski • Angelika Zieger

Quellen

Becker, Alexius: Berühmte Tänze der Vorzeit, Die Gartenlaube, Nr. 5, 1899

Boehn, Max von, Ingrid Loschek: Die Mode – Eine Kulturgeschichte vom Mittelalter bis zum Jugendstil, Bruckmann, München, 1989

Borchardt, Rolf: Rückblick eines Bremers, Hauschild Bremen, 1999

Brant, Sebastian: Das Narrenschiff, Philipp Reclam jun. Stuttgart, 1964

Bremer Nachrichten, mehrere Ausgaben 80er und 90er-Jahre des 20. Jahrhunderts

Bremer Tageszeitungen, mehrere Ausgaben, Ende des 20. und Anfang des 21. Jahrhunderts

Burgauner, Christoph (Hrsg.): Tanzen weltweit, Kastell Verlag, München, 1995

Die Bibel, Matthäus und Lukas, Deutsche Bibelgesellschaft, Stuttgart, 1985

Einhard: Das Leben Karls des Großen, Philipp Reclam jun. Stuttgart, 1996

Goethe, Johann Wolfgang: Die Leiden des jungen Werthers, Goethes Werke in zehn Bänden, Deutscher Bücherbund, Stuttgart, Hamburg, Artemis Verlags AG, Zurüch, 1062

Grimm, Jacob und Wilhelm: Deutsches Wörterbuch, Deutscher Taschenbuch Verlag, München, 1984

Heineken, Ph., Die freie Hansestadt Bremen und ihr Gebiet, Verlag von A. D. Geißler, Bremen. 1830

Hoof, Hans Joachim: Deutsche Gedichte, Piper, München und Zürich, 2004

Knigge, Adolph Freiherr von: Über den Umgang mit Menschen, Insel Verlag, Frankfurt am Main, 1979

Korol, Martin: Zuckersüße Regina ..., taz Bremen, 11. und 18. August 1999

Langenscheidts Taschenwörterbuch, Lateinisch-Deutsch, Langenscheidt, Berlin, München, Wien, Zürich, 1977

Lindenberg, Paul: Hindenburg-Denkmal für das deutsche Volk, Vaterländischer Verlag C. U. Weller, Berlin 1925

Lorenzen, Rudolf: Alles andere als ein Held, Roman. Schöffling & Co., Verlagsbuchhandlung, Frankfurt am Main, 2002

Loschek, Ingrid: Mode im 20. Jahrhundert, Bruckmann, München, 1990

Lührs, Wilhelm: Bremische Biographie, 1912–1962, Herausgegeben von der Historischen Gesellschaft zu Bremen und dem Staatsarchiv Bremen, Verlag H. M. Hauschild, Bremen, 1969

Mann, Golo, und Alfred Heuss, Propyläen Welt Geschichte, Verlag Ullstein, Frankfurt/M. – Berlin – Wien, 1960

Mann, Thomas: Frühe Erzählungen, S. Fischer Verlag,1981

Matz, Klaus-Jürgen: Europa-Chronik, Verlag C. H. Beck, 1999

Meyer, Hans Hermann: 1913: Abtanzball. Aus: Feste und Bräuche in Bremen, Jahrbuch 1999/2000 der Wittheit zu Bremen, Verlag H. M. Hauschild, Bremen, 2000

Meyer-Odewald, Jens: Knigge ist wieder gut für die Karriere, Hamburger Abendblatt vom 21./22.Mai 2005

Nietzsche, Friedrich: Also sprach Zarathustra, Aus: Friedrich Nietzsche, Werke in drei Bänden, Sonderausgabe des Europäischen Buchklubs, Carl Hanser, München, 1958

Otterbach, Friedemann: Einführung in die Geschichte des europäischen Tanzes, Florian Noetzel GmbH, Verlag der Heinrichshofen-Bücher, Wilhelmshaven, 2003

Scherr, Johannes und Artur Lokesch: Deutsche Kultur- und Sittengeschichte, Eigenbrödler-Verlag, Berlin, 1927

Schipfer, Emmy: Tanz und Mode im Weltgeschehen, Artikelserie in der Tanz-Illustrierten, 1957

Schorers Familienblatt, Salon-Ausgabe, mehrere Hefte des Jahres 1898

Schwarzwälder, Herbert: Das Große Bremen-Lexikon, Edition Temmen, 2003

Schwarzwälder, Herbert: Geschichte der Freien Hansestadt Bremen, Edition Temmen, 1995

Spitta, Theodor: Aus meinem Leben, Paul List Verlag, München, 1969

Storck, Adam: Ansichten der Freien Hansestadt Bremen, Friedrich Wilman, Frankfurt am Mai, 1822

Tanz Illustriere, April 1980, Heft 329

Weser-Kurier, Bremen, mehrere Ausgaben der 60er, 70er, und 80er des 20. Jahrhunderts

Winckelmann, Karin: Gutbürgerlich, Books on Demand, Norderstedt

Zuckmayer, Carl: Als wär's ein Stück von mir, Deutscher Bücherbund, Stuttgart – Hamburg, 1966

Bildnachweis

Ahe, Heilke von der: 3 u; Allenbach, Gisele: 12 (3. Zeile, 4. Bild), 14 (4. Zeile li); Andrée, Günter: 10 (1. Zeile re), 15 (1. Zeile re), 19 (4. Zeile li), 101 (5. Zeile re); Aust, Marianne: 101 (4. Zeile re); Bornstedt, Herwig u. Karin: 11 (3. Zeile li), 15 (2. Zeile re), 18 (4. Zeile li), 21 (3. Zeile re); Boßmann, Birthe: 109 o; Bucholz, Björn: 136 (3. Zeile li); Budelmann, Helmut: 79; Café u. Pension Kruse, Salzwedel: 29; Castaneda-David: 100 u; Coldewey, Heiner: 16 (4. Zeile li), 106 m; Detjen, Heinz u. Else: 16 (4. Zeile mi), 17 (1. Zeile mi), 18 (1. Zeile re), 76 o; Fischer, Sigrid: 10 (2. Zeile re; 4. Zeile mi; 5. Zeile li), 12 (2. Zeile, 1. Bild), 13 (2. Zeile mi), 18 (2. Zeile li); Fitzthum, Rosemarie: 11 (4. Zeile re), 15 (3. Zeile re); Flammann, Oswald u. Irmgard: 11 (3. Zeile mi), 13 (4. Zeile mi, re), 16 (1. Zeile mi), 16 (2. Zeile li), 19 (1. Zeile re; 4. Zeile mi), 20 (3. Zeile mi), 21 (1. Zeile li, re; 2. Zeile mi; 4. Zeile mi; 5. Zeile re), 101 (5. Zeile mi), 102 o; Flitz, Karin: 14 (1. Zeile re); Frese, Ingrid: 14 (2. Zeile re), 17 (4. Zeile re); Garsinka, Ingrid: 11 (4. Zeile mi), 12 (2. Zeile, 5. Bild; 4. Zeile, 1. Bild), 18 (1. Zeile li), 101 (2. Zeile li); Geißler, Wolfgang u. Verena: 11 (4. Zeile li); Gengler, Günther: 67; Glahn, Barbara: 15 (2. Zeile li), 17 (4. Zeile li), 19 (1. Zeile li), 104; Greiffenhagen, Reinhard: 20 (1. Zeile li), 103 (1. Zeile li); Grünewald, Klaus: 14 (4. Zeile re), 15 (3. Zeile li), 16 (3. Zeile re), 17 (3. Zeile mi, re), 19 (3. Zeile mi), 20 (3. Zeile re); Gurlit, Inge: 18 (1. Zeile mi); Gutmann, Hermann u. Marie Louise: 28, 44 u, 85; Gutsmann, Ingrid: 11 (1. Zeile mi), 16 (5. Zeile li, mi), 101 (4. Zeile mi); Halfter, Gertrud: 10 (2. Zeile mi), 12 (2. Zeile, 2. Bild), 16 (2. Zeile mi, re), 95 u, 101 (3. Zeile re); Hänig, Ingrid: 10 (1. Zeile mi), 21 (5. Zeile li, mi); Harloff, Dieter: 11 (2. Zeile mi), 13 (4. Zeile li; 5. Zeile mi), 19 (4. Zeile re), 20 (4. Zeile re), 111 u li; Hartmann, Regine: 22 (5. Zeile mi); Hecking, Christa: 23 (5. Zeile mi); Hellberg, Regine: 20 (2. Zeile mi), 21 (1. Zeile mi); Imwolde, Hans: 14 (3. Zeile re); Jacobs, Eva: 81 o, 83 u, 84; Kattenbach, Richard: 3o, 13 (3. Zeile re), 17 (2. Zeile re), 101 (1. Zeile li); Kirmse, Rosemarie: 81 u, 83 o; Koggenhop, Bärbel: 80, 82; Lübbers, Hans Dieter: 14 (1. Zeile li); Luther, Jürgen u. Marie-Louise: 4, 12 (1. Zeile, 1. Bild; 3. Zeile, 1. Bild), 13 (2. Zeile li, re), 16 (1. Zeile re), 18 (2. Zeile re), 21 (3. Zeile mi), 21 (4. Zeile re), 22 (1. Zeile mi), 103 (4. Zeile mi), 134, 135; Mahlstedt, Anna-Monika: 11 (1. Zeile li), 16 (3. Zeile mi), 94 u, 99 o, 101 (1. Zeile mi); Marten, Friedrich W.: 17 (1. Zeile li, re; 5. Zeile mi); Sammlung Christa Mühleisen: S. 48; Olk, Gisela: 11 (1. Zeile re); Osterhorn, Klaus u. Eva-Charlotte: 12 (4. Zeile, 5. Bild), 21 (2. Zeile li), 21 (3. Zeile li), 21 (4. Zeile li), 103 (2. Zeile mi, re; 3. Zeile mi); Palm, Monika: 10 (5. Zeile re), 11 (3. Zeile re), 11 (5. Zeile re), 15 (1. Zeile li), 19 (2. Zeile li, mi), 96, 101 (2. Zeile mi, re), 101 (5. Zeile li); Pöpper, Hannelore: 12 (4. Zeile, 4. Bild), 13 (5. Zeile re), 14 (3. Zeile li), 19 (1. Zeile mi), 101 (1. Zeile re); Raffel, Helga: 15 (4. Zeile re), 133 u; Renken, Christel: 10 (4. Zeile re), 12 (1. Zeile, 4. Bild), 19 (2. Zeile re; 3. Zeile li), 21 (2. Zeile re); Rode, Rosemarie: 94 o; Schefold, Monika: 25, 55, 56; Schlüsselburg, Gerd: 10 (2. Zeile li), 17 (4. Zeile mi); Schröder, Marliese: 11 (2. Zeile re), 13 (1. Zeile re), 18 (3. Zeile li, re); Schütte, Hans Jörg: 12 (3. Zeile, 5. Bild), 22 (5. Zeile li); Archiv Herbert Schwarzwälder: 36, 38, 39, 42; Simon, Lisa: 78 o; Siemer, Hilde: 26; Spohler, Walter u. Inge: 19 (5. Zeile re), 22 (1. Zeile li), 22 (1. Zeile re), 89, 92, 93, 97, 103 (4. Zeile re), 109 u; Stalhut, Christa: 16 (5. Zeile re), 17 (5. Zeile li, re); Steil, Margot: 17 (2. Zeile li); Strohecker, Hendrikje: 11 (2. Zeile li); Sundmaeker, Linda: 12 (2. Zeile, 3. Bild), 23 (2. Zeile li, re), 26, 54, 141 o, m, 142 u, 144, 145, 146, 147; tanzfoto.net M. Seeger: 22 (2. Zeile mi), 136 (1. Zeile; 2. Zeile; 3. Zeile mi, re; 4. Zeile; 5.Zeile mi, re), 137, 142/143; Theile, Ursula: 74 o; Timm-Schuster, Inge: 12 (1. Zeile, 3. Bild), 16 (4. Zeile re), 95 o; Titz, Manfred: 10 (3. Zeile re); Treml, Hannelore: 10 (3. Zeile li), 22 (4. Zeile mi); Ude, Gisela: 16 (1. Zeile li), 20 (4. Zeile li); Verlagsarchiv: 24, 26, 30, 31, 32, 33, 34, 35, 45, 46, 51; Vogt-Jordan, Wolfgang: 18 (2. Zeile mi; 5. Zeile li), 20 (1. Zeile mi; 2. Zeile mi), 101 (4. Zeile mi), 103 (5. Zeile mi, re), 111 u re, 149; Wachler, Andrea: 10 (3. Zeile mi), 19 (3. Zeile re), 22 (3. Zeile li), 23 (1. Zeile re; 3. Zeile mi); Walter, Lutz-Henning: 118 u, 121; Weber, Inge: 106 u; Wendt, Birgit: 11 (5. Zeile mi), 12 (4. Zeile, 3. Bild), 18 (4. Zeile re), 103 (4. Zeile li), 111 mi re, 117 li; Westerwelle, Angelika: 15 (4. Zeile li); Wetjen, Fritz: 2 u; Wiese, Elfriede: 11 (5. Zeile li), 12 (3. Zeile, 2. Bild); Wilts, Wiltert: 12 (1. Zeile, 5. Bild; 2. Zeile, 4. Bild), 13 (1. Zeile li), 13 (3. Zeile mi), 18 (4. Zeile mi), 20 (1. Zeile re; 2. Zeile re), 98 o, 100 m, 101 (3. Zeile mi), 103 (1. Zeile mi, re; 2. Zeile li; 3. Zeile re); Witt, Elisabeth: 10 (5. Zeile mi), 14 (2. Zeile li), 16 (3. Zeile li), 23 (2. Zeile mi; 3. Zeile re); Wolf, Helga: 13 (5. Zeile li), 101 (3. Zeile li); Wolffson, Manfred u. Sibylle: 12 (3. Zeile, 3. Bild), 18 (5. Zeile mi, re), 19 (5. Zeile li, mi), 20 (5. Zeile re), 110, 111 o, mi li, 119 u; Wroblewski, Otto: 10 (4. Zeile li), 17 (2. Zeile mi); Privatarchiv Familie Wulf: 1, 2 o, 5, 8, 9, 12 (1. Zeile, 2. Bild; 4. Zeile, 2. Bild), 13 (1. Zeile re), 17 (3. Zeile li), 20 (3. Zeile li; 4. Zeile mi; 5. Zeile li, mi), 22 (2. Zeile li, re; 3. Zeile mi; 4. Zeile li; 4. Zeile re; 5. Zeile re), 23 (1. Zeile li, mi; 3. Zeile li; 4. Zeile li, mi, re; 5. Zeile li, re), 27, 40, 41, 43, 44 o, 47, 49, 52, 53, 57, 58, 59, 60, 61, 62, 64, 65, 66, 69, 70, 71, 74 m, u, 75, 76 u, 77, 78, 86, 91, 98 u, 99 u, 100 o, 102 u, 103 (3. Zeile li), 103 (5. Zeile li), 105, 106 o, 108, 112, 113, 114, 115, 116, 117 re, 118 o, 119 o, 120, 122, 123, 124, 125, 126, 127, 128, 129, 130, 131, 132, 133 o. 136 (5. Zeile li), 138, 139, 140, 141 u, re; Zieger, Angelika: 10 (1. Zeile li), 18 (3. Zeile re)

Impressum

Die Deutsche Bibliothek verzeichnet diese Publikation in der Deutschen Nationalbibliografie; detaillierte bibliografische Daten sind im Internet unter http://dnb.ddb.de abrufbar.

1. Auflage 2006

© Edition Temmen
Hohenlohestr. 21 • 28209 Bremen
Tel. 0421-34843-0 • Fax 0421-348094
info@edition-temmen.de • www.edition-temmen.de

Lektorat/
Gestaltung: Linda Sundmaeker

Alle Rechte vorbehalten
Gesamtherstellung: Edition Temmen
ISBN 978-3-86108-578-2